*Michael Bengel*

*Der Ritter mit der Web-Adresse*

*Walisische Panoramen*

*Michael Bengel*

# *Der Ritter mit der Web-Adresse*

## *Walisische Panoramen*

*Picus Lesereisen*

*Picus Verlag Wien*

*Für Leonie,*
*Florian und Thomas,*
*Markus zum Gedenken*


Grafische Gestaltung: Dorothea Löcker, Wien
Umschlagabbildung: Oliver Abraham / picture NEWS
Druck und Verarbeitung: Remaprint, Wien
ISBN-10: 3-85452-917-1
ISBN-13: 978-3-85452-917-0

Informationen über das aktuelle Programm
des Picus Verlags und Veranstaltungen unter
*www.picus.at*

# *Inhalt*

## *Sprung ins kalte Wasser*

*Coasteering vor St. David's*

»Are you warm enough?«, fragt Steve. Und als wir, angelangt am Saum der Klippe, artig nicken, schnappt die Pointe zu: »Now you'll cool down.« – Sagt's und springt mit einem Ruf wie »Yippeeeeh« in das Wasser des Atlantiks, dem der Wetterbericht an diesem schönen Morgen herzerwärmende dreizehn Grad Celsius nachgesagt hat. Er lacht schon unter Wasser, als er wieder auftaucht, um uns zu bedeuten, es ihm nachzutun. Wir wussten vorher: Deshalb sind wir hier. Mitgefangen, mitgehangen, mitgesprungen, also los!

Prustend schnappen wir nach Luft im weißen Schaum eines Kessels voll Irischer See. Es geht. Der Schock ist kurz, und außerdem sind wir sofort mit anderem beschäftigt als der Wassertemperatur: Wo ist das Kliff? Wie heftig ist die Brandung? Wo findet sich ein Halt im Fels, ein Absatz für die Füße, wann kommt die nächste Welle? Im Idealfall geht sie uns zur Hand und hilft uns aus dem Wasser: So ähnlich hat es Steve gesagt. Nur: Wenn du Pech hast, klatscht sie dich auch spielend an die Wand. Wir schwimmen auf der Stelle, um uns ein wenig zu sammeln, kräftemäßig, auch gedanklich. Dann suchen wir den nächsten Ausgang aus dem Meer. Schließlich sind wir nicht zum Baden hier. Vielmehr zum Kraxeln, Springen, Schwimmen: *Coasteering* nennt sich dieser neue Triathlon. Sein Ziel: die kräftezehrendste Verbindung zwischen zwei Punkten am Wasser. Sein Zweck ganz einfach: Fun, fun, fun!

*Wales is different*: Das ist die erste Lektion für Besucher. Die Eigentümelei als *corporate identity* des kleinen, selbstbewussten Landes am keltischen Westrand der Insel begegnet jedem Reisenden schon auf dem ersten Straßenschild. Die schottischen Seelenverwandten betreiben auf den Weiten ihrer Moore Speerwerfen mit Telegrafenmasten und essen *haggis*, die Waliser, deren festes Land im Wesentlichen aus grünen Bergen und Schafen besteht mit einem harten Klöppelrand aus Klippen, essen *bara lawr, laverbread,* stundenlang gekochte Algen, und haben ihr *coasteering,* sagen wir: »Klippenkantenquerklettern für Schwimmer«, nicht recht zu übersetzen, nicht zu fassen sowieso. Eben *different*. 1986 war Premiere für die abgedrehte Rocky-Horror-Klippen-Show. Inzwischen hat der neue Sport auch seine Anhänger woanders, in Cornwall oder Schottland, überall, wo es steile Klippen und exzentrische Bewohner gibt. Doch erfunden worden ist *coasteering* hier, wo wir es ausprobieren wollen: in St. David's, am Westzipfel der Halbinsel von Pembrokeshire, die wie ein Faustkeil im Atlantik liegt.

Hier haben wir uns in den feuchten Neoprenanzug gezwängt, Schwimmwesten angelegt, abgelatschte Turnschuhe, eine ausgediente Trainingshose (zum Schutz des Neoprens) und obenauf den farbigen Kanutenhelm (zu unserem), bis wir aussehen wie Kampfschwimmer, getarnt als Teletubbies, ausgerüstet für den exklusivsten Sport der Welt, der freilich weder soziale Schranken noch Altersbegrenzungen kennt. Im Basislager hängen Neoprenanzüge auch in der Kindergröße XXS, und der bislang älteste Aktive, verrät uns Steve, unser Anführer und Trainer und im Zweifelsfall mit seiner roten Wurfleine auch unser Retter, hat die Sechzig lange hinter sich. Ob jemand Asthma habe, fragt er uns noch nebenbei. Oder Epilepsie. Jetzt wissen wir, wir sind nicht mehr zu retten: Ergo saltamus!

Als wir uns im Wasser der St. Non's Bay wiederfinden, zwei deutsche Besucher und Carys, bekennende Waliserin mit Schwimmhäuten zwischen den lackierten Zehennägeln, erfahren wir die erste Regel für das Vorwärtskommen auf der klammen Naht von Fels und Ozean: »Seaweed slippy, barnacles grippy!« Wir haben Glück: Das Wasser fällt, doch Ebbe ist noch lange nicht. Noch sind die Algen, *seaweed*, tief verborgen, und die *barnacles*, die hellen Seepocken, die zwischen den Gezeitenmarken mit Myriaden Nadelspitzen auf den dunkelbraunen Klippen sitzen, schmirgeln zwar die Fingerkuppen, aber geben doch zugleich auch festen Halt.

Was man tut, wenn man nicht wieder aus dem Wasser kommt, verrät uns Steve erst, als wir wieder drin sind: Füße zu den Felsen drehen, damit das Meer uns nicht dagegenwirft! Kaum sind wir auf den scharfen Schieferfels gerumpelt und auf einem messerrückenbreiten Sockel sogar ein Stück vorangekommen bis zum Kap von Trwyn Cynddeiriog, müssen wir schon wieder springen und zu einer kleinen Felseninsel schwimmen. Sie ist das Trainingscamp in Neptuns Muckibude. Hier liegt das Kliff wie eine lange schräge Rampe, hier rennen wir und springen los, einmal, zweimal, immer wieder. Steve ist Ire und entsprechend höflich. »Well done!«, ruft er. Oder: »Great!« Und: »Yippeeeeh!« Und unterbindet jede Diskussion um Rangplätze und Haltungsnoten seinerseits mit einem Satz und einem Salto!

Dann sollen wir uns treiben lassen: »Feel the ocean move!« Carys ist im Geiste schon dabei, Manager hierher zu schicken, das *assertivement training* statt auf der Couch im Neoprenanzug zu propagieren. Sie wäre damit freilich nicht die Erste. Steve hat uns unterdessen zu einem landschaftlichen Höhepunkt geführt, der allerdings ein Tiefpunkt ist: ein Felsenschlund, der unterhalb der Klippe heimliche Verbindung mit der Weite unterhält und aus diesem Grund, wohl auch wegen des erregten Wassers, gern »the toilet« genannt wird. Hier könnten wir, sagt Steve, wenn Ebbe wäre (und gesetzt, es wäre uns danach), hervorragend den Durchstieg üben. Doch die Idee, als lebende Klosettbürste durch dieses Loch zu schrammen, hat wenig Attraktivität.

So mühen wir uns weiter fort, klettern, schwimmen, klettern wieder, springen, klettern, klatschen in die See. Mehr als eine lange Stunde lang. An einer gerundeten Steilwand ziehe ich das *cliff-hanging* dem Schwimmen vor, bei dem man ohnehin kaum vorwärts kommt, weil das Wasser dich mit *life jacket* und Neopren bei jedem Armzug halb zurückwirft, übermütig wie ein Welpe seinen Gummiknochen. Steve folgt mir und versichert treuherzig: Es geht, man kann hier klettern, auch wenn der Steig in der senkrechten Wand eher für Möwen und Trottellummen bemessen ist als für Trottel in Turnschuhen. Allerdings, setzt er hinzu, fünfzig Prozent von allen, die es versuchen, fallen doch ins Wasser. Es stimmt: Ich tue der Statistik den Gefallen, klatsche hinterrücks ins Meer und wechsle vor dem Kletterziel doch noch hinüber ins Lager der Schwimmer.

Nur bei der letzten Übung, dem allgemeinen Fliegen, passen wir. Wir lassen es bei ein paar Hopsern in die Flut und beherzigen die Regeln nur pro forma: »Look straight ahead! Switch off your mind! Cross your arms! And jump!« So klettert Steve allein auf die Steilwand von Porth Ffynnon, zehn Meter hoch und höher. Wirft den Helm ins Wasser. Reißt die Arme auseinander. Streckt sich. Und hebt ab. Für einen Augenblick wird aus St. David's Acapulco. Dann gleitet Steve ins Wasser. Zum brüllenden Beifall der See. Als er wieder auftaucht, ist die Show vorüber.

Auf dem Heimweg schleichen wir, in quatschend nassen Latschen, doch innerlich zehn Zentimeter größer als zuvor, vorbei an einem alten Ehepaar, das am Küstenpfad auf einer Bank vom Wandern Pause macht. Sie grüßen freundlich, während wir vorüberschlappen, und ein Blick ist ihnen schon genug: Wanderer sind das nicht, was sie da sehen. Womöglich haben die noch etwas vor – vielleicht auch nur die Wetterlage eigenwillig ausgelegt. Also anders. Also typisch: *Wales is different.*

## *Planquadrate und Magnolien*

*Englische Gärten in Wales?*

»In English terms«, setzt Mr. Puddle an und nimmt sich mit dem nächsten Halbsatz gleich zurück: »Although we are in Wales.« Erst dann schickt er das eigentlich Gemeinte hinterher: Für englische Begriffe sei man nicht so alt. Er meint den Garten, dem er vorsteht, aber was er sagt, ist: Wir. – »We aren't that old.«

Martin Puddle ist Gärtner, *head gardener*, in Bodnant Garden, einem »Englischen Garten« (obwohl man doch in Wales ist), der zu den schönsten seines Landes zählt und damit zu den schönsten auf der ganzen Welt. Schon sein »Laburnum Arch«, eine breite, viele Meter lange Pergola von 1882, die zur Blütezeit im Juni dem Begriff von Goldregen (Laburnum x watereri »Vossii«) eine ungeahnte eigene Bedeutung gibt, ist eines der hortikulturellen Weltwunder in diesem Gartenparadies.

Nur wirklich alt ist Bodnant Garden dabei nicht; er reicht mit seinen ersten Pflanzungen allenfalls bis 1876 zurück. Das kann in einem Land, in dem viel' Vorfahren viel Ehre sind, durchaus als leichter Makel gelten. Es könnte freilich auch das Gegenteil bedeuten: Den Ausdruck eines beispiellosen Aufstiegs, an dem die Puddles schon seit achtzig Jahren ihren Anteil haben. Denn Martin

Puddle ist in Bodnant Herr der Dinge in der dritten Generation; sein Großvater, Frederick Puddle, stand dem vereinten Grün von Bodnant Hall seit 1920 vor; sein Vater, Charles Puddle, brachte es in fünfunddreißig Jahren zum MBE (Member of the British Empire); und seit dem verheerenden Frostwinter von 1981/82 liegt Bodnant Garden nun in Martin Puddles guter Hut. Jeder Puddle stand und steht dabei in inniger Verbindung mit den jeweiligen Lords von Aberconway. Das ist als stolze Tradition schon vorzeigbar. Die Aberconways sind seit 1874 die Herren auf Bodnant Hall an der Mündung (»Aber«) des Conwy, der Urgroßvater des jetzigen Lord pflanzte 1876 hier die ersten Koniferen. Sie sind seither die Manager des Gartens, seit 1949 im Auftrag des National Trust, dem Henry Aberconway mit einer generösen Stiftung sein Paradies erst schmackhaft machen musste, ehe ihn der Trust in seine Obhut nahm. Es war für den Verein tatsächlich erst der zweite Garten, zu dem nicht auch das Herrenhaus gehörte.

»Jeder Garten ist ein Vorschlag, wie es im Paradies aussehen könnte«, schreibt Hans von Trotha in seinem lesenswerten Buch, »Der Englische Garten« (1999). Und so will jeder Garten heimlich die Vertreibung aus dem Paradies ein Stück weit ungeschehen machen. Puddles Garten ist ein Paradies von königlicher Observanz, ein Festspiel der Natur in Farbe und mit mächtiger Theaterwirkung. Doch was sich da zum Fluss hinab und abermals hinauf zum Hügelkamm wie eine prächtige Kulisse staffelt, ist nichts als kunstgerecht veredelte Natur. »Alles ist gut«, befand Rousseau,

»wie es aus der Hand des Schöpfers kommt. Alles entartet unter den Händen der Menschen.« Ein Englischer Garten schließt die fatale Schere zwischen solchen Alternativen. Wie Menschenhand das Gute der Natur zum Schönen überhöhen kann, das führt uns Puddle vor, ein Gentleman in Harris-Tweed mit Lederknöpfen, das weiße Haar vom Wind gelüftet – hier, in seinem Element, in seinem Reich, in all seinen Erläuterungen aufs Schönste untermalt vom Plätschern der Brunnen und dem Gesang der Vögel um uns her.

Auch wenn Bodnant Hall für die Besucher unerreichbar ist, so lässt der Garten doch erkennen, wie sehr er auf ein Haus bezogen ist. In fünf Terrassen steigt der *formal garden* mit getrimmten, gut drainierten Rasenteppichen hinab bis zur »Canal Terrace«, in deren Wasser sich die Pin Mill wie eine feudale Jagdhütte spiegelt, einst die Werkstatt eines Gerbers, hundertachtzig Meilen weg von hier, zuletzt Fabrik für Stecknadeln, am Ende halb Ruine, ehe sie der zweite Lord entdeckte, Stein für Stein zerlegen und in seinem Garten neu entstehen ließ als *beauty spot*. Der *formal garden* löst bei seinen typischen Besuchern, meist im dritten Lebensalter, stets Entzücken aus: Rosen hängen üppig über die Terrassenbrüstung, an den Mauern ranken Magnolien und Kamelien, eine der Besonderheiten Bodnants. Der Norden von Wales ist nicht von der Natur verwöhnt wie Cornwall, Devon oder auch der Westen Schottlands. So trotzt man hier dem Klima mit klimatischen Enklaven. Hohe Mauern schaffen Mikroklimata für die eingeführten Pflanzen, und einige von ihnen hat man mit Fleiß und Einfallsreichtum auch dazu gebracht, die Wände hochzugehen, wo sie genügend Wärme speichern können. Ungefähr tausend Magnolien vieler verschiedener Arten blühen so am Conwy, eine steht am Wasser unter uns wie ein botanisches Gewölbe, dreißig Meter hoch, von Blüten übersät. Einmal, so Puddle, habe ein Besucher sich daran versucht, die Blüten zu zählen – mit einem Rechner, Planquadraten und Geduld: »Very british!« Die Auszeichnungen der »Royal Horticultural Society« für Züchtungen aus Bodnant sind Legion. Für manche Pflanzen hat der Garten mittlerweile den Status eines »National Collector«, so etwas wie eine botanische Referenzbibliothek der Arten, und dennoch ist er kein Botanischer Garten, kein Lehrbuch im Freien, sondern ein Entwurf vom Paradies, in das nur aufgenommen wird, was uns gefällt, wie Puddle sagt. Selten, dass zu dieser Fülle Neues kommt; aber auch das Alte muss, im Unterschied zum Paradies, hier täglich neu geschaffen werden: »We create it all the time«, so Puddle über seinen Garten in prometheischem Selbstbewusstsein. Achtzehn Gärtner sind ihm dabei untertan, um die achtzig *acres* (zweiunddreißig Hektar) öffentlich zugänglichen Gartens zu pflegen und zu bewirtschaften.

Der größere Teil von Bodnant ist als Englischer Garten klassischster Prägung ausgelegt, Azaleen oder ein Jahrhundert alte Rhododendren unter riesenhaften Bäumen, Zedern, Wellingtonias, Douglasien. Dies ist die Keimzelle des Gartens, »The Dell« genannt, eine Kerbe voller Bäume um den

River Hiraethlyn, der hier so wirkungsvoll verläuft mit Schotterinseln voller Magnolienblüten, als habe ihn nicht die Natur geschaffen, sondern ein Designer. Und so viel Blütenfülle widerlegt gleich auch den zweiten Satz, den zweiten Vorwurf aus Rousseaus »Emile«: »Der Mensch zwingt ein Land, die Erzeugnisse eines anderen hervorzubringen ...« Das war wohl auf Versailles gemünzt und mochte für Versailles auch gelten; die Rhododendren aber, einst zur Freude der Edelleute auf dem Land nach Großbritannien geholt, muss niemand mehr zwingen, dort auch zu wachsen. Im Gegenteil: In den gartennahen Wäldern Schottlands etwa ist das alljährliche *rhody bashing*, das Rhododendronholzen, längst eine grimmig betriebene Notwendigkeit, um dem roten Wildwuchs Einhalt zu gebieten.

Wales als ein Gartenland ist für den laienhaften Blick, zumal den Blick vom Festland aus, in seiner Vielfalt erst noch zu entdecken, halb verborgen hinter einem Gartenland par excellence, aus dem der Begriff des Englischen Gartens einst um die Welt gegangen ist und das es nun zu ignorieren gilt, ehe man nach Wales gelangt. Doch auch in Großbritannien war lange das Bewusstsein kaum verbreitet, dass einige der schönsten »Gärten Englands« die in Wales sind und der beliebteste von allen dieser hier in Bodnant, gleichermaßen von den Lesern des *Daily Telegraph* bevorzugt wie von den Besuchern des National Trust. Der Aufruf eines Garten-Kolumnisten, die »English Garden Tour« des 18. Jahrhunderts im 21. auf Wales zu richten, kann in einem Land, in dem es Gartensendungen zur Primetime gibt und in dem Moderatorinnen wie Charlie Dimmock (»Ground Force«) oder, nomen et omen, Pippa Greenwood (»Gardener's World«) als Fernsehstars gelten, seine Wirkung kaum verfehlen. Die Gründung eines »Welsh Historic Garden Trust« im Vorfeld der Millennium-Bemühungen und der Einsatz des walisischen Künstlers William Wilkins für so unterschiedliche Initiativen wie »Wales' Lost Gardens« und einen »National Botanic Garden of Wales« trugen dazu bei, dass nun auch Wales einen Botanischen Garten hat: Offiziell eröffnet durch den Prince of Wales am ersten Tag des ersten Sommers im neuen Jahrtausend, ist er die erste Neugründung eines Botanischen Gartens in Großbritannien nach mehr als zweihundert Jahren. Und als »Nationalem« Garten hat man ihm gleich zwei Komma neun Millionen Narzissen in den Boden eingesenkt, so viele, wie Wales Einwohner hat.

Ein grünes Land war Wales auch vorher schon: Bei der Fahrt über Land, die grünen Hügel auf und ab, fallen immer wieder neu gepflanzte Hecken auf, kunstgerecht nach alter Tradition gesetzt, die Schösslinge unten zur Hälfte gekappt, geknickt, verflochten mit den anderen, die wieder neue Triebe treiben zu einem undurchdringlichen Geflecht. Die Weiden voller Schafe, deren Osterlämmer voller Panik unter ihre Mütter stürzen, um Schutz und Milch zu finden, wenn wir uns blicken lassen. Dies alles schafft ein Bild von unberührter Landwirtschaft: Auch die Protestplakate mancher Farmer gegen billige Importe zeigen immerhin, dass dies hier Farmland ist, kein bäuerlicher Freizeitpark.

Auch die farblich wohlsortierten Schafe vor Chirk Castle wollen nicht so wirken, als habe sie das *tourist board* auf seiner Rechnung. Hinter Hürden aus gezogenem Eisen tummeln sie sich auf dem weiten Grün, weiße anfangs links und rechts der Auffahrt, später nur noch schwarze. Das Schloss wirkt heute trotz der dicken Mauern wohnlich. An den Wehrbau seiner Gründerzeit um 1300 erinnert nur die enge Treppe ins Verlies, neun Meter tief unter dem Burghof, dazu die Linie der »Topiary Yews«, der breiten Hecke aus Eiben im Formschnitt, die hier, im Grenzgebiet zu England, wohl nicht von ungefähr wie Zinnen wirken: ein Vorwerk der Botanik, im 19. Jahrhundert der Natur mit einer Heckenschere abgetrotzt. Auf einer Höhe zwischen Schloss und dem Städtchen Chirk, wo zwei Betriebe unschön dicke Wolken paffen, steht ein Herkules aus Blei, erwähnenswert nur wegen seines unherkulischen Geschicks: Nach 1720 für den Haupteingang des Schlosses angefertigt, fiel die Statue mit Keule und mit Löwenfell in Ungnade und wurde ausgelagert, irgendwo in einen Wald. Erst in jüngster Zeit kam er zurück wie einst der verlorene Sohn, nicht gerade an die Auffahrt, aber immerhin auf einen Sockel. Die Royal Air Force nahm sich seiner an, und jetzt singt eine Tafel auf dem Denkmal in geschliffenem Latein das Hohelied des Helikopterflugs von 1983 »trans aethere« mit Herkules, dem Unbeständigen, dem »heros multivagus«.

Auch Tretower House war anfangs eine Burg,

ein Bollwerk an der Route durch die Black Mountains und älter als Chirk Castle. Sein wuchtiger Bergfried aus dem 13. Jahrhundert steht noch ein wenig abseits auf der Motte seines Vorgängers. Doch um 1450 wurde die Kriegsburg dem Frieden geweiht, aus dem Kastell wurde Tretower Court, aus der Festung die festliche Landresidenz, deren bauliche Hülle, abweisendes Feldsteingrau mit leeren Gefachen und freigelegtem Dachstuhl, noch heute die Besucher lockt. Uns freilich lockt der Garten vor der kleinen Seitenpforte, den Francesca Kay hier 1991 angelegt hat und betreut, kaum größer als ein Schrebergarten, und doch ein mittelalterliches Schatzkästlein. Den Titel *head gardener* wehrt sie lachend ab, auch wenn er gut zu ihren schwarzen Locken passen würde: Da gibt es keinen Gärtner neben ihr, in Wirklichkeit ist Tretower nur ihre Nebentätigkeit. Und ihre große Liebe, die sie uns miterleben lässt!

Wer damals ein Stück Land besaß, so sagt sie, der hatte einen Gemüsegarten, ein wenig Obst, genug, um ein Schwein zu ernähren, das einen umgekehrt dann durch den Winter brachte. Mit einem *pleasure garden* von Blumen und Kräutern war man also unermesslich reich, der Not des Alltäglichen enthoben. Und so führt sie uns umher, Prinzessinnen und Prinzen, zitiert die schwärenden Miasmen von Feuer, Rauch und Unaussprechlichem in einem mittelalterlichen Haus, um uns den Duft der weißen Rose von York zu beschwören. Wie schön, empfinden wir, zum Maulbeerbaum, zum kleinen Mispelbaum hinüberzuspazieren, durch Blumenwiesen und entlang der

Mauern voller *honeysuckle*. Wir sehen Lorbeer, Thymian, Lavendel, und Francesca lehrt uns, mit mittelalterlichen Augen in ihrem kleinen Reich zu lesen wie in einem Buch: »To read the garden«, das ist der Begriff. Denn jedes Kraut hielt für den Menschen im Mittelalter heimliche Verbindung zu Mythen, Märchen oder ungeahnten Möglichkeiten: Lavendel bändigte die Bestien und hielt die Wölfe und die Löwen fern, die Eberraute, wenn man sich denn mit ihr einrieb, förderte bei Pubertierenden den Bartwuchs, Fenchelsamen in den Löchern hielt die Hexen auf Distanz, von Salbei wurde man weise – es heißt im Englischen noch heute »sage«. Baldrian erhellte die schwarze Galle der Melancholie. Und Rosmarin galt als das Wunderkraut schlechthin: Es hielt die Schränke frei von Motten, in den Kissen bannte es die *nightmares* und machte jedermann beliebt. Francesca nimmt es augenscheinlich schon zum Frühstück! Was für ein Garten! Und vor allem: Was für eine Gärtnerin!

Die jüngste Sonne der Gartengalaxis von Wales ist der ehrgeizige »National Botanic Garden of Wales«, ein Millennium-Projekt für dreiundvierzig Komma sechs Millionen Pfund rund um den Kristallpalast des 21. Jahrhunderts, das futuristische Gewächshaus von Norman Foster, dem Architekten der Berliner Reichstagskuppel. Man nähert sich dem Ganzen arglos durch das grüne Farmland, vielleicht ein wenig abgelenkt von »Paxton's Tower« auf der Höhe, einer wohlgesetzten Landmarke, die zweifellos ein *folly* ist, nämlich keinem Zweck, nur einer Laune zuliebe erbaut, und plötzlich liegt die flache Kuppel da wie eine gigantische gläserne Blase im Grün, groß wie ein Fußballplatz, nur ohne Ecken, vielleicht ein Ufo, notgelandet auf dem feingewalzten Rasen, in dem mit schöner Regelmäßigkeit noch bunte Blumen stecken, weshalb das Ganze arglos wie das Gartenreich der Teletubbies wirken mag.

Diesseits aller hilflosen Vergleiche ist Fosters Bau das größte freitragende Glashaus der Welt, fünfundneunzig Meter lang und fünfundfünfzig weit, um sieben Grad gegenüber der Waagerechten in seiner Längsachse der Sonne zugeneigt, 785 Scheiben laminierten Sandwichglases mit einer Gesamtfläche von viertausendfünfhundert Quadratmetern. Darunter ist es fünf Grad wärmer als in der umgebenden Natur und niemals unter neun Grad Celsius: ein wenig Mittelmeerumgebung inmitten von Carmarthenshire.

Hier lag auch vor der Wende des Jahrtausends schon ein Garten: Middleton Hall and Estate, ein glückloser Besitz des 17. und 18. Jahrhunderts, bemerkenswert erst durch den späteren Besitzer William Paxton, eben jenem mit dem Turm, der das alte Herrenhaus den Farmern überließ und sich ein neues bauen ließ, ganz nach der Mode seiner Zeit mit einem Säulenportikus und Wasserspülung auf der Toilette. Paxton war ein Schotte, der in Indien zu Geld gekommen war und nun in Wales im Wahljahr 1802 Karriere machen wollte. Es juckte ihn, als Kandidat der Whigs ins Parlament zu ziehen. Er ließ sich seinen Traum vom Volkstribun 36.901 Abendessen kosten und 25.275 Gallonen Bier. Das war sein Programm: Ale und

Hammelbraten gegen Wählerstimmen! Man aß und trank – und schickte einen *Tory* für Carmarthenshire ins Parlament. Aus Rache, sagt man, baute Paxton seinen Turm, von 1805 bis 1811, zum einen Nelson zum Gedächtnis, mit dem er eng befreundet war, zum anderen der Nachbarschaft zum Ärgernis, als Mahnmal entgangenen Freibiers der künftigen Jahre, denn Nelson's Tower, wie er damals hieß, war eine einzige Provokation, gut sichtbar, aber ohne Nutzen auf den Berg gestellt, mit nichts als weiten Toren zum Bankettsaal, durch den der Hausherr zweispännig zu fahren pflegte, wie es hieß!

Damals stellte Middleton Hall als Paxtons Glanzlicht alles in den Schatten, was es sonst noch gab in Wales. Heute erinnert nur noch ein Grundriss in hellem Granit an die Stätte, ein Bodendenkmal, ausgelegt im Maßstab eins zu eins am alten Ort, den Turm als Blickfang gegenüber. 1931 brannte Paxtons Prachthaus nieder, aus Angst vor Hermann Görings Luftwaffe ließ man im Krieg die Teiche ab, Middleton Estate verfiel und wurde später aufgeteilt und als Farmland siebenfach verpachtet.

Auch heute ist das meiste der Besitzung Farmland, nur zwanzig Prozent des Gesamtgeländes nimmt der Botanische Garten ein. Behutsam wird ein Teil des alten Gartens wiederhergestellt, so der *double walled garden,* der an drei Seiten wie ein breites »U« von einer doppelten Mauer umgeben ist, Bruchstein außen, innen Ziegelstein, vermutlich gleichfalls der Versuch, in einem Mikroklima Obst zu kultivieren, das unterschiedlich wuchs und unterschiedlich reifte und somit immer wieder frisch den Speiseplan bereicherte. Für Wolfgang Bopp, den Obergärtner, ist das von allen Hypothesen die wahrscheinlichste. Bopp ist in Personalunion zugleich Kurator seines Gartens, ein Deutscher aus dem Hessischen, der irgendwann nach England kam, um hier sein Englisch zu verbessern, und blieb, um zu studieren. Er wurde in Kew Gardens diplomiert, im berühmtesten aller Botanischen Gärten der Insel.

Noch ist »sein« Garten ganz im Entstehen begriffen. Fünfundsiebzig Habitate soll er einmal umfassend dokumentieren, vom Feuchtgebiet bis hin zur Buschregion. Das Herzstück freilich wird wohl Fosters flache Trockenhaube bleiben, in der die Botanik der mediterranen Regionen aller fünf Kontinente auf dreitausendfünfhundert Quadratmetern in nachbarlicher Nähe nachempfunden ist. Sogar verbrannte Sträucher stecken hier im Staub des Kalksplitts, ganz wie in der südlichen Garrigue. Die spröde Konsequenz ist Teil des hiesigen Programms: Gewächshäuser mit Tropenpflanzen gibt es schon genug, sagt Wolfgang Bopp, außerdem muss man sie heizen. Das weitflächige Klima unter Fosters Schale mit ihren ferngelenkten Fensteröffnungen und hundertsiebenundvierzig computergesteuerten Ventilatoren wird der genügsamen Mittelmeerflora mühelos gerecht. Man kann sich allerdings des Eindrucks nicht erwehren, dass der gelungen schwerelose Bau dem botanischen Minimalismus in der Kunstlandschaft von Kathryn Gustafson vorerst schlicht die Schau stiehlt. Die vielen Gartenfreunde, scheint es, ficht das freilich wenig an: Mit dem gleichen Eifer wie in Bodnant und sprichwörtlich britischem Sportgeist erkunden sie die Flora der chilenischen Küste wie der Kapregion Südafrikas, und die gläserne Äquilibristik Fosters gibt es zum Bewundern gratis obendrein. *Gardening* als Tätigkeit wie als Objekt verklärter Obsession ist in Großbritannien offenbar ein nachwachsender Rohstoff, hierin dem Rhododendron artverwandt: Auf hundertfünfundsiebzigtausend Besuchern hatte man im ersten Jahr wohl insgeheim gehofft, sagt Wolfgang Bopp. zweihundertfünfzehntausend waren es schon nach elf Monaten.

Bei so viel neu entfachtem Interesse fällt immer auch ein wenig für die kleineren Preziosen ab, die ehedem wohl so genannten »verlorenen Gärten von Wales«. Aberglasney, »a garden lost in time«, wird gerade dem Dornröschenschaf entrissen, und die Geschichte seiner Rettung klingt selbst schon wie ein Märchen: Denn als jener rührige William Wilkins in New York über die *lost gardens* seiner Heimat sprach und die Besitzung Aberglasney nannte, die, wieder einmal, halb als Ruine zum Verkauf stand, gab ein bewegter Hörer dem Aberglasney Restauration Trust die Mittel für den Kauf. Im Juli 1999 wurde der noch dürftig wiederhergestellte Garten neu eröffnet, und seither zerren die Restauratoren die Geschichte und die nur halb ermessene Bedeutung des alten Gartens unter Gerüchten und Geröll und dem Raubbau wechselnder Epochen wie unter Dornenranken hervor. Da bleibt auch gut Gemeintes auf der Strecke: Der breit gewölbte Kreuzgang unterhalb des Herrenhauses ist keine Hinterlassenschaft aus irgendeinem klösterlichen Intermezzo, sondern wohl der rare Zeuge Elisabethanischer Gartenarchitektur. Der alte Eibentunnel vor dem Haus, ein knorriges, verwahrlostes Gestrüpp, ist keine tausend Jahre alt, wie das die Fama wissen wollte, nur gut ein Viertel dieser Zeit. Und vermutlich stimmt auch nicht die Anekdote von den Mäßigungsaposteln aus dem 19. Jahrhundert, die nach dem Erwerb des Hauses die Weinvorräte ihrer Vorgänger kurzerhand in jenen Lauf des Bächleins Glasney schütteten, der praktischerweise gleich durch den Keller fließt, auch heute noch, auf dass der alte Fischteich rot war vom Burgunder! Dafür hat der Turm, den man für einen *folly* hielt, sich nun als ernst gemeintes Tor einer Befestigung herausgestellt!

Mit dem gleichen Empirismus wurde so der letzte Apfelbaum seziert: Von welcher Art er war, erzählt uns unser Führer, das hat man dabei nicht herausgebracht. Doch dafür weiß man nun, dass er von allen Krankheiten befallen war, die man bei Apfelbäumen kennt. Wyn Davies, ein herzlicher Mensch und nach seinem immer wiederkehrenden Refrain »only a simple Welsh farmer«, erzählt mit diebischem Vergnügen und walisischer Singsangstimme, was der Garten einmal war und was er werden soll: ein Zeuge seines 16. Jahrhunderts, als er dem beim Volk beliebten Bishop Rudd in einem Speisekammer, Kühlschrank, Obstkorb, Apotheke, Augenweide und Duftkissen war. Und Rudd, das kann uns Davies nicht verhehlen, war wieder »quite a character«, ein Mann, an dem man seine Freude haben kann: Karrierepriester, Bischof von St. Davies und auserkoren für das Amt des Erzbischofs von Canterbury, und stolpert schließlich doch zu Ostern 1596 über seine Zunge, weil er in einer Predigt der nicht mehr blütenfrischen Jugend seiner Königin Erwähnung tat. Sie war noch nicht ganz dreiundsechzig, und er war Kandidat die längste Zeit gewesen!

Stattdessen hatte er nun endlich Zeit für seinen Garten.

## *Ein Habitat der guten alten Zeit*

*Llangoed Hall als Laura Ashleys Vermächtnis*

In England, nahe London, will man jetzt »Toad Hall« gefunden haben, den Herrensitz aus Kenneth Grahams Klassiker »The Wind in the Willow«, »Schloss Krötinhall« in Harry Rowohlts turbulenter Übersetzung. Tatsächlich sieht Foxwarren Park bei Guildford mit Gittern, Giebeln und Fassaden dem Haus des Kröterichs recht ähnlich. Als Vorbild für den Illustrator mochte das genügen. In Wahrheit allerdings steht »Krötinhall« allein im Buch, und suchte man den Traum von einem *manor-house* in Wirklichkeit, so fände man ihn wohl am ehesten im grünen Tal des River Wye in Wales, in Llangoed Hall am Rand der Brecon Beacons. Das ist als Herrenhaus ein Habitat der guten alten Zeit und seit 1990 als Hotel fürwahr »a home away from home«, nicht erst bei seinem Wiederaufbau völlig ausgerichtet nach dem Traum vom guten Leben auf dem Land.

Es gibt in Großbritannien wohl ungezählte jener Art, die mittlerweile als Hotel fungieren und in denen der Wohlstand von heute den unerreichten der beneideten Vergangenheit so wenig förmlich ausprobieren kann wie alte goldbestickte Filzpantoffeln. Alle diese Häuser sind mehr oder weniger gelungene Apotheosen und Reservate eines Lebensstils, der längst ein wenig aus der Zeit herausgefallen ist, doch Llangoed Hall ist dabei ganz und gar mit einem Namen verbunden, der wie kein zweiter diesem Stil verpflichtet ist: Laura Ashley.

Die walisische Designerin, die man eine Zeit lang allzu leicht mit Rüschen, Rosen und floralen Breitseiten bei Kleiderstoffen in Verbindung brachte, hatte ursprünglich mit ihrem Ehemann nostalgische Tapetenmuster und Dekostoffe entworfen. Heute bietet der Konzern in zweihundertfünf Läden des Vereinigten Königreichs und fünfundsechzig auf dem Kontinent synästhetischen Dekor vom Bildschirmschoner bis zum Körperduft.

Nicht lange nach dem Tod der Patronin durch einen Treppensturz im Jahre 1985 fand ihr Witwer, Sir Bernhard Ashley, das ramponierte edwardianische Herrenhaus, das ein prominenter Hutmacher aus London vor dem Ersten Weltkrieg an der Stätte eines *manor-houses* von 1632 hatte bauen lassen. Für den damaligen Architekten war es der erste größere Auftrag. Es war der nachmals hochberühmte Erbauer des nordwalisisch-italienischen Designerdorfs Portmeirion, Sir Clough Elliam-Ellis. Und nach seiner Überzeugung war Llangoed Hall ein Zeuge aus der Morgendämmerung der britischen Geschichte: der Sitz des sagenhaften Parlaments von Wales aus dem 6. Jahrhundert, der »weiße Palast«. Es half ihm nichts: Zuletzt war der Besitz als Wetteinsatz verloren worden.

Nach dem Weltkrieg kam erneut der Abstieg, und als Sir Bernhard 1987 Llangoed Hall erwarb, lebte nur noch eine alte Dame im einzig bewohnbaren »Morning Room«, in dem man heute nach dem Dinner seinen Kaffee nimmt. Für den Mitbegründer und Vorsitzenden des Laura-Ashley-Imperiums war es die Erfüllung eines Traums, wie er gerne verrät. Rund um den alten Südflügel von 1632 und alles, was erhalten war von einst, ließ er den Bau von 1912–1919 in völlig neuem alten Glanz erstehen. So führt die holzgeschnitzte Treppe noch immer auf die dreißig Meter lange Galerie des ersten Stocks, an der die schönsten Zimmer liegen. Sie alle sind mit Laura-Ashley-Farben, Stoffen und Tapeten ausgeschmückt, jedes anders als die Nachbarn. Auf Tagesdecken, Himmelbetten und Tapeten rankt es Ton in Ton, alles harmoniert aufs Feinste miteinander – und das Ganze mit der spezifisch britischen Noblesse des Interieurs: Die Badezimmertür hat den berühmten Daumendrücker, den man ansonsten von Stalltüren kennt; statt Einhebelmischern gibt es blanke Armaturenungetüme an der opulenten Wanne, und Duschvorhänge sind ersetzt durch unterstellte Disziplin und Virtuosität der Gäste. Die Vorhänge der Räume gehorchen der Mechanik von Kleinstadttheatern, und den Schalter für die Vasenlampen auf den Tischen findet man noch immer zuverlässig nah der Fassung, hoch am Hals. Doch ohne den gemäßen Service wäre das alles Kulisse: das »thank you« der Kellner, wenn sie die gebratenen Nierchen zum Frühstück servieren, die Handtücher, die wie im Handumdrehen immer wieder neu an der gewärmten Reling hängen, das Toilettenpapier, dessen jeweils erstes Blatt den ganzen Tag mit frisch geknifffter Spitze wie verlegen auf den Boden blickt, als habe niemals eine Hand daran gerührt.

An ein Hotel erinnern solche Häuser nur von ferne: Statt einer Rezeption steht bloß ein Tisch im Flur, daneben stets, wenn man ihn braucht, ein hilfreicher Mensch mit Manieren, der die Schlüsselfrage ebenso beiläufig regelt wie das gewünschte Tontaubenschießen und die Rückreise per Helikopter. Auch wenn man hinterher bezahlen muss: Bis dahin lebt man wie bei Freunden, freilich solchen, deren Küchenchef seit Jahren einen Stern im Michelin hat. Man lebt mit ihren Souvenirs, mit ihren Fotos überall und ihren Bildern an den Wänden: Sir Bernhard hat das Haus millionenschwer bestückt, seine Sammlung post-impressionistischer Gemälde der Gründerzeit von Llangoed Hall könnte auch Museen schmücken, und seine Kollektion von bunten Blechmodellen auf Schienen und zur Luft verrät, dass ihn die technischen Errungenschaften des zeitgenössischen Verkehrs so packen konnten wie den verrückten Kröterich in Grahams Buch, den Herrn auf »Krötinhall«.

## *Kapitel von ewigem Kommen und Gehen*

*Wandern auf dem Küstenpfad im Süden*

Ein Kapitän im Ruhestand ist an der Küste keine seltene Erscheinung. Doch dieser kam von fern, aus *Germany*, zum Urlaub nach St. David's. Was ihn bewogen habe, gerade Wales als Aufenthalt zu wählen, wurde er gefragt. Er wolle einmal wenigstens die Bucht bei Tage sehen, war die Antwort. Und als des Rätsels Lösung stellte sich dann Folgendes heraus: Er kannte diesen Küstenstrich, doch anders, als ihn jeder kennt. Als U-Boot-Kapitän war er im Krieg zur Nachtzeit heimlich hier gewesen, um Trinkwasser zu holen. Jetzt war er wieder hier, entspannt, als Freund, zur Friedenszeit. Und Whitesand Bay gefiel ihm wirklich gut.

Nona Rees, mit der wir unterwegs sind auf den Klippen von St. David's Head, lässt ihre Pointe ein paar Augenblicke wirken. Dann zeigt sie uns den Haken an der Sache: Dieselbe Anekdote wird hier überall erzählt, die ganze walisische Küste entlang, von Cardiff bis nach Conwy, Seemannsgarn des 20. Jahrhunderts aus dem Krieg. Doch sollte man schon deshalb daran zweifeln? Möglich ist der zweifache Besuch gewiss, und vor allem hier leicht vorstellbar: Hier fließt ein Bach ins Meer, und wenig weiter gibt es eine alte, eingefasste Quelle, auf jeder *Ordnance-Survey*-Karte verzeichnet. Und auch der Krieg ist hier gewesen: Als wir uns dem flechtengrauen Gipfel von Carn Llidi nähern, hunderteinundachtzig Meter hoch, geht der Pfad hinauf durch Farn und Stechginster in eine macadamesierte Piste über: Wir finden Fundamente von Beton, Reste einer Basis aus dem Krieg, wie Nona sagt, zum Schutz und zum Geleit der königlichen U-Boot-Flotte, zur Abwehr jeder fremden sowieso, daneben Hügelgräber aus Granit, im selben Zustand der Erhaltung. Sie können uns vom Krieg erzählen. Und vom Tod im Neolithicum.

Die Zeit steht nicht still auf den westlichsten Klippen von Wales. Wie sollte sie auch? Man braucht sich nur die Kinderspiele zu betrachten auf dem Strand von Whitesand Bay, die neonbunten Surfer, wie sie auf die Wellen lauern, oder gar die schlecht getarnten Caravans auf halber Höhe in der Bucht, die nur in mattem Grün geduldet werden, weil alles Küstenland hier Nationalpark ist, der kleinste auf der ganzen Insel, und der einzige, der nur die Küstenlinie umfasst, hundertsiebzig Meilen insgesamt, davon eine malerischer als die andere: Die abgegriffene Vokabel von der Zeit, die stillsteht, ist leicht als Unbedachtheit schwärmerischer Heimattümelei durchschaut. Doch was man lernen kann auf diesen Klippen im zerrenden Wind, das ist, dass auch die Zeit nicht alles kann. Vergangen heißt nicht: aus dem Sinn. Die dramatischen Auffaltungen des Erdaltertums sind beim Wandern ebenso vor Augen wie der Niedergang der Schifffahrt in den Häfen und die Missionen der Heiligen, die Raubzüge der Wikinger so unvergessen wie die Pilgerzüge nach St. David's, von denen zwei vor Gott genauso viel wogen wie einmal eine Fahrt nach Rom. Und in der dunkelroten Sandsteinwand der Kathedrale verknüpft sich christliche Geschichte mit der geologischen Beschaffenheit der Bucht von Caerbwidi, aus der der Stein stammt: für den Bau wie heute für die Restaurierung. Hier, wo das erdgeschichtlich älteste Gestein noch vorzufinden ist, Zeuge jener Vorzeiträume, die als Kambrium, Präkambrium benannt sind nach dem lateinischen Namen für Wales, Cambria, Cymru auf Walisisch: Hier lässt sich jeder Klippenrand entziffern wie ein Palimpsest, ein altes, abgeschabtes, abermals genutztes Pergament. Und immer wieder liest man darauf auch vom Meer, besonders hier, am Kreuzungspunkt uralter Handelswege: von Nord nach Süd entlang der Westküste Europas, von West nach Ost, von Irland bis zum Bristol Channel.

Nona Rees war einmal Führerin im Pembrokeshire Coast National Park. Jetzt ist sie eine rüstige ältere Dame, *retired,* aber nicht zurückgezogen. Weit eher aufgeräumt und voller Geschichten, die immerfort vor Ort erzählt sein wollen. Auf halber Höhe über Whitesand Bay schon lässt sie uns im Aufstieg innehalten und weist hinunter auf das schöne Bild der Bucht, den weiten Strand und Ramsay Island, das Meer, das daliegt wie ein fein gerillter Spiegel, glänzend vor der Sonne des Nachmittags, zwei Bischöfe und ihr Gefolge, wie hier eine Handvoll kleiner Felseninseln heißt, South Bishop schön mit Leuchtturm, zuletzt die Badebucht Porthmelgan unter uns, von Badenden nur hie und da besetzt. Weiter draußen dann vor Solva noch Smalls Lighthouse, ursprünglich in

Holz gebaut von einem Geigenbauer, nach 1885 dann in kornischem Granit, ein Leuchtturm, der Geschichte schrieb, als einer der Männer der Doppelbesatzung an Tuberkulose starb und der andere so lange mit dem Toten aushielt, bis er im Kopf nicht mehr ganz richtig war. Seither taten jeweils drei den Dienst an Großbritanniens Küsten, den heute die Computer tun. Was hier erzählt wird, handelt von der See, und der Untergrund der meisten Seestücke ist dunkel.

Dort unten, sagt Nona mit Blick auf die *bay*, war nicht schon immer Meer. Früher war dort Land, eine feste Verbindung mit Irland, dichter Wald, zerteilt nur durch zwei Flüsse. Das »Mabinogion« erzählt davon, eine Sammlung mythologischer Erzählungen aus Wales, niedergeschrieben vermutlich im 11. Jahrhundert, überliefert in zwei Handschriften des 14., doch zweifellos weit älter als ihr schriftsprachlicher Niederschlag. Da ist von Culwch die Rede, einem Neffen König Arthurs, und von dem Rieseneber Twrch Trwyth, den jener durch die Wälder jagen sollte wie einst Herakles den nemäischen Löwen. Hier unten soll die Hetzjagd stattgefunden haben. Also in der Phantasie, ist man geneigt zu sagen. Doch wenn der Sturm im Winter, wie es immer wieder einmal vorkommt, ein Stück vom Whitesand Bay davonspült, legt er wieder Reste eines alten Waldes frei, Stücke von fossilem Holz: »Eisenhart«, sagt Nona, »wenn man sie langsam trocknen lässt«. So liegt hier bei St. David's Evidenz auf mancher Fensterbank. Und die geschützten Hafenbuchten wie die von Solva, Porthclais oder Porthgain sind aus

»versunkenen Flüssen« entstanden, als die Eiszeitgletscher schmolzen und der Wasserspiegel stieg. Vorher also war hier Land, die beiden benachbarten Flüsse Alun und Solfach flossen, wie man annimmt, westwärts, und die Cardigan Bay und die St. Bride's Bay, in welche unser Kap hineinragt wie ein Keil aus Urgestein, sind erst in historischer Zeit, im 6. Jahrhundert, der Irischen See anheim gefallen.

Austausch fand an dieser großen Wegkreuzung immer statt, und statt scharfer Grenzen gab es Übergänge: zwischen Wales und Irland ebenso wie zwischen Sagen, Heiligenlegenden und Geschichte: St. David, Sohn einer Nichte König Arthurs, kam aus Irland und wurde der Patron von Wales, ein asketischer Gründer des Glaubens, der sich bald den Namen »Dewi Ddyfrwr« erwarb: David Wassertrinker. Und der Waliser Patrick, der in dieser Bucht ein Kloster hatte gründen wollen, ging nach Irland, weil ein Engel ihm verhieß, der Ort sei David vorbehalten. So war es jener, der das Kloster bauen ließ, ins Tal geduckt aus Demut wie aus Vorsicht. Doch dreimal plünderten die Wikinger St. David's und töteten zwei Bischöfe dabei, 1073, 1080, 1091. Nicht einmal half ein Engel. So lernten sie, sich selbst zu helfen: Als 1797 die Franzosen im nahen Fishguard aus den Schiffen stürmten, um die erste Invasion seit 1066 zu beginnen, holten sich die Männer von St. David's das Blei vom Dach der Kathedrale und gossen Kugeln daraus gegen den Feind. Drei Tage später war die »letzte Invasion«, wie sie noch immer heißt, vorüber, die Franzosen gaben auf.

Fast jeder Stein bewahrt hier seine eigene Geschichte, und Nona, scheint es, kennt sie alle. Als wir nach Norden schauen können, taucht bei Strumble Head mit seinem weißen Leuchtturm tief am Klippensaum das Schnellboot auf, das bretterhart im Wasser liegt und bei den Leuten lieblos »Vomit Comet« heißt. Dass die Reisezeit von Fishguard nach Rosslare halbiert wird, ist aber jedem recht. Und Strumble Head mit seinem Leuchtturm verwirrt an diesem Küstenstrich der ungezählten Heiligen regelmäßig die Besucher: Dann fragen sie sich durch zum *lighthouse* von St. Rumble! Dass man von diesem Heiligen noch nichts gehört hat, ist kein Argument: Das ist nicht anders mit St. Caradoc, St. Teilo und St. Non.

Als wir die Höhe auf St. David's Head erreichen, sind wir in der Steinzeit angelangt. Wir stehen vor dem Felseninneren des alten Hügelgrabs, das in naivem Glauben Arthur nachgesagt wird, »Coetan Arthur«, anderer Erzählung folgend auch St. David. Doch das tonnenschwere flache Steingebilde von zwölf Fuß Länge, das nur an einer Seite noch auf einer weiteren Steinplatte ruht, ist weitaus älter als die beiden populären Streiter Gottes. Es wird datiert auf rund 3500 vor Christus.

Bis in christliche Zeiten hinein war St. David's Head bewohnt, die Heiligen des 6. Jahrhunderts müssen also hier gepredigt haben. Was wir mit dem Auge an menschlichen Behausungen und an Befestigungsanlagen nicht gleich erkennen, das lässt Nona durch Erzählen aus dem dürren Heideboden wachsen: Sechs runde Hütten aus der Bronzezeit, durch Fundamente glaubhaft nachgewiesen, gedeckt mit jenem hellen Ried, das noch heute in der feuchten Mulde vor Carnllidi wächst; davor, zum Land hin, ein System von Mauern, den eisenzeitlichen Warrior's Dyke, Clawdd-y-Milwyr, die innere Umwallung zehn Fuß stark und einstmals gut und gerne fünfzehn hoch, die Trockenmauer obenauf verstärkt mit angespitzten Palisaden. Und auch die Feldumfriedungen, die gut erkennbar an der Hügelflanke liegen, sind mindestens zweitausend Jahre alt.

Es waren Viehzüchter und Ackerbauern, die zuletzt hier lebten. Leider muss man für die Funde der Ausgrabungen von 1898 bis nach Tenby ins Museum. Der Badeort ist eine knappe Stunde weit entfernt und überhaupt furchtbar, wie Nona versichert, ein Opfer seiner guten Lage: Vier Strände ringsherum, nur Treppenstufen weit entfernt von Andenkenläden und Amüsement, und einer schöner als der andere. So liegt der einstmals hübsche alte Ort jetzt da im Würgegriff des *Lower-Middle-Class*-Tourismus, bevölkert von *holiday-makers*, die man in Wales vermutlich für eine englische Erfindung hält. Soll man glauben, dass sich einer dort für Spindeln, Töpferwaren und Glasperlen interessiert? Nona glaubt es nicht.

Die letzten Meter auf den Gipfel von Carnllidi müssen wir tatsächlich klettern. Im Fels drei verrostete Eisenstäbe: Das ist alles, was von der Radaranlage blieb. Der Wind legt sich mächtig ins Zeug und wäre nur durch Brüllen noch zu übertönen. Doch für das grüne Patchwork aus eingehegtem Weideland und frisch gepflügten Fluren braucht man keinen Hinweis. Wir sehen weiter nordwärts nah der Klippe die Mauerreste einer Handvoll Cottages: Das war bis 1832 das Dörfchen Maes-y-myndd, raue Heimstatt einer Gemeinschaft von Quäkern, die hier in Frieden leben wollten, von Neugierde beäugt und noch im Nachhinein von Nachrede umstellt. Die finsterste Geschichte, die sie hinterlassen haben, ist die ihres Verschwindens: Der Landbesitzer, um sich ihrer zu entledigen, warf einen toten Hund in den Brunnen, sie alle tranken ahnungslos vom Wasser und wurden ausgelöscht. Nur die Wände ihrer Cottages sind nach wie vor vorhanden. Und mit ihnen die Geschichten.

Beim Abstieg, nah am flachen Strand von Whitesand Bay, gibt Nona uns zum Abschied noch ein gutes Zeichen mit: Das Wasser, das da unablässig auf den Sand rollt, sagt sie, sei ganz klar. Wenn Regen käme, wäre es getrübt. Hier hat man noch den Zugang zu den Dingen: Das verstehen wir. Doch am nächsten Morgen ist das Wetter ganz respektlos umgeschlagen, in der Nacht klatscht schwerer Regen auf den Kies, der Morgen kommt mit nassem Nebel. Jetzt liegt die Welt wie hinter Milchglas, der *drizzle* auf den Weiden schlürft das Grün aus jedem Halm, und die von Wind gefegten Weißdornbüsche, die die Heckenmauern überragen, verwandeln sich in fahle Fabelwesen, walisische Drachen oder auch vermummte Artusritter. Es ist ein Wetter, mit dem es derart unerschütterlich nur britische Hotelgäste aufnehmen können. »Another fine day«, versichern sie einander noch, wenn schon die Wolken aufgezogen sind; und wenn es unabweislich wie aus Kübeln schüttet, stützen sie sich voll Vertrauen auf den Konjunktiv: »It might clear up.« Tatsächlich: Als wir dann, nun schon vor Cardigan, an einem weiten Feld vorüberfahren, aus dem die Nässe dampfend aufsteigt, reißt der Himmel auf, und die Gerste glänzt wie Gold im Sonnenlicht.

Cardigan ist heute eine muntere Marktstadt von mittlerer Größe. Doch von seinem dicht gedrängten Herzstück sehen wir wenig genug. Geraint Jenkins, dem wir an diesem Vormittag begegnen, gibt nicht eher Ruhe, bis wir am Rand des River Teifi stehen, vor einem Panorama, das vorläufig buchstäblich nichtssagend ist. Doch so verwechselbar war Cardigan nicht immer. Bis ins 19. Jahrhundert war Aberteifi, nur englisch Cardigan, der Ort an der Mündung des Teifi, der bedeutendste Hafen von Wales, größer als Cardiff und Swansea im Süden. Von hier aus wurden Bauholz, Eichenlohe, Schiefer, Fisch und Eisenprodukte verladen. 1821 stachen hier mit der »Albion« die ersten Auswanderer nach Kanada in See. Cardigan, wie alle Hafenorte hier im Westen, war das Tor zur Ferne. Im Osten war die Welt, zumindest Wales, durch unwirtliches Bergland zugestellt. Stückgut ebenso wie Menschen reisten dazumal per Schiff. Das kleine Solva unterhielt im 17. Jahrhundert alleine dreißig Schiffe zwischen zwanzig und zweihundertfünfzig Tonnen. So blühte schließlich auch die Schiffsbauindustrie: In Cardigan wurden im Lauf seiner maritimen Geschichte rund dreihundert Schiffe auf Kiel gelegt, und selbst das kleine Llangrannog am Fuß der Klippen wie am Ende einer engen Kerbe zweier Flüsschen baute zwischen 1787 und 1859 fünfzehn Schiffe, als letztes die Brigg »Ann Catherine« mit zweihundertelf Tonnen. Es war wie der letzte Versuch mit dem Handel zur See: Seit 1854 fuhr die Eisenbahn bis Haverfordwest, 1880 kam sie bis Cardigan und schließlich 1911 bis Aberaeron.

Was immer Mister Jenkins uns von Ceredigion erzählt, dem Land an der Cardigan Bay, es handelt von der See. Dabei kennt auch er sie nur aus zweiter Hand: Er war Kurator an verschiedenen Museen, Fachmann für Sozialgeschichte und Autor von sechsunddreißig Büchern, schon kein Mann der Schiffe mehr. Sein Vater freilich war noch Kapitän gewesen, wie alle Väter vor ihm, er fuhr hinauf bis nach St. Petersburg und brachte Korn nach Hamburg und Antwerpen. Viele große Kapitäne kamen so wie Jenkins senior aus Aberporth, wo die Kinder schon in der Grundschule das Navigieren wie das Lesen lernten, dreimal in der Woche. Wer nach dem Boom der Eisenbahn und seit dem Sieg der Straßen noch zur See fuhr, der ging nach Cardiff oder Liverpool, in die großen Häfen. Den kleinen blieb vom Meer nur ihre Lage: Der Tourismus hat die Seefahrt als die Hauptbeschäftigung ersetzt, »und inmitten der lebendigen Erinnerung ist eine Tradition gestorben«: So schreibt J. Geraint Jenkins in einem seiner sechsunddreißig Bücher zur Geschichte von Llangrannog.

Der Ort ist noch derselbe, den wir auf den alten Bildern sehen, derselbe Felsenzacken ragt bei Ebbe aus dem Grund, nur liegen heute keine Segelboote abgetakelt neben ihm und warten auf die

Flut. In dem Jahrhundert seiner Blütezeit, von 1750 bis 1850, ist der kleine Ort in seinem engen Tal hinaufgewachsen, und jedes seiner Häuser hatte innige Verbindung mit dem Meer. Mister Jenkins weist uns immer wieder auf die Baulichkeiten hin, bis auch wir das Wohnhaus eines Kapitäns von einem Cottage unterscheiden können.

In Aberaeron allerdings versagen solche Kenntnisse, denn Aberaeron, das Dorf an der Mündung des Areon, ist als ganzes in der Zeit des Booms errichtet worden, ein Reißbrettstädtchen aus der *Regency*-Epoche, die klassizistischen Fassaden bunt gefasst in Maulbeerfarben, gelb, hellblau und braun rings um den Hafen hinter stattlichen Kastanien.

Schließlich New Quay, wohl der größte dieser kleinen Häfen im Südwesten: ein Ort, der alles hat, was solch ein Hafen für Besucher braucht, eine weite Bucht inmitten hochgestellter Klippen, eine starke Hafenmauer, die schützend wie ein Arm im Wasser liegt, an Land gezogen blaue Hummerkörbe, Taue, Ketten, Plastikwannen für den Fang. Kinder sind mit kleinen bunten Keschern voller Unternehmungslust dabei, am Sockel der Mauer nach Krabben zu fischen. Und doch liegt über allem eine bleierne Tristesse, die von der aufgeschminkten Urlaubsatmosphäre stammt. Eine Handvoll Läden bieten Souvenirs aus Bergkristall und walisische Drachen aus Plüsch, T-Shirts mit obszönen Sprüchen, hölzerne Löffel mit keltischen Kringeln, Plastiklineale, Tümmler für die Haustür, Seehunde aus Steingut. Vereinzelt dudeln Glücksspielautomaten. So lockt man mancherorts die Klientel, die man verdient: *holiday-makers*.

Erst vom Wasser aus ist New Quay wieder unvergleichlich. Wir fahren mit der »Ermol«, einem roten *pleasure boat*, vom Kai entlang der Küste auf Llangrannog zu. Dem Schiffchen muss der Name *pleasure boat* wie blanker Hohn erscheinen, es leistet harte Arbeit gegen Wind und Wellen. Paul, unser Skipper, steuert die breite Barkasse um die Mole herum, dann erkennen wir die von Natur aus begünstigte Lage des Hafens. Links wie rechts ist der kambrische Fels hochgetürmt und kühn gewölbt, urzeitliches Sediment, das daliegt wie ein Stapel dunkelbrauner Küchentücher, den irgendjemand umgebogen und verschoben hat und dann vergessen. Auf den waagerechten Felsenbändern sitzen dicht an dicht die *razorbills* zu Tausenden, spindelförmige Alken, kleinen Pinguinen gleich, mit schwarzem Kopf und weißer Brust. Immer wieder stürzen sich einzelne mit prallem Leib von den dicht bewohnten, kotgeweißten Rampen und zeigen, dass sie fliegen können: mit kurzen Schwingen und schwirrenden Flügelschlägen, dass man sich Sorgen um sie machen kann.

Alison, Pauls Partnerin, erläutert uns in erstaunlichem Deutsch das Leben an diesem Abschnitt der »Ceredigion Marine Heritage Coast«. Sie hofft auf Tümmler und Delfine und verspricht uns Seehunde und Kegelrobben. Vor Cwmtydu Cove erklärt sie uns die *lime kilns*, die alten Öfen für den Kalk, die man heute, restauriert, in allen Häfen findet, auch in der kleinen Bucht von Cwmtydu: Der Boden in dieser Gegend Wales' ist sauer, so holte man sich Kalk aus dem südlichen Wales oder herüber vom Exmoor. Heute kommt der Dünger mit dem Lastwagen, und vermutlich ist es nicht mehr Kalk.

Dann gibt uns Paul ein Zeichen: Wir steuern auf die Robben zu. Im halben Dutzend liegen sie behaglich auf den Klippenriffs, die aus dem dunkelblauen Wasser ragen, oder schauen aus der Flut wie amüsiert mit großen runden Augen. Alison ist fasziniert: Als hätten wir sie herbestellt! Nur: Die kann man nicht bestellen.

Sie kennt sich aus: Sie hat in Frankfurt einst als Gärtnerin gearbeitet, in Southampton Umweltschutz studiert, in Aberysthwith noch eins draufgelegt. Jetzt verkauft sie Tickets? Mit Diplom? Im Winter, sagt sie, tut sie Dienst als Energieberaterin. Doch im Sommer muss sie raus. »Ich bin von hier«, sagt sie und meint die See, die Häfen und das Boot: »Was gibt es Schöneres?«

## *Der Tiger, die Bay und das Geld*

*Von der Hafenstadt zur Hauptstadt: Cardiff*

Cardiffs Zukunft liegt am Wasser. Dort lag schon die Vergangenheit, zumindest seit den Römern, am Wasser wurde Cardiff groß und ging zugrunde: Für viele Jahre galt die Stadt als unbedeutend, schmutzig und zu Recht vergessen. Am Wasser wurde Cardiff neu erfunden. Und so stand der Neubeginn von Anfang an in mythologischen Bezügen als eine Paraphrase auf den ersten Schöpfungstag am Wasser. Diesmal ging es nicht in sieben Tagen ab. Dafür ist nun nicht einmal das Wasser mehr dasselbe: Damals tanzte es bei Flut bewegt um den geschäftigen Betrieb, die Schuten, Schlepper und Barkassen, tätschelte die Mauern und die Dalben und lief dann wieder ab auf Nimmerwiedersehen bis zur nächsten Flut. Die Bucht von Cardiff hat mit vierzehn Metern Tidenhub einen der höchsten Gezeitenwechsel der Welt. Das wuchs sich in der Ebene leicht aus zu Hunderten von Metern. Dann war nur Watt, wo vorher Wasser war, bis weit am grauen Kalkriff von Penarth vorüber, mit Tümpeln und den Flüssen Taff und Ely schlingernd zwischen allem, was das Meer so in der Hosentasche hatte: Dreck und Fäulnis, Rost und Treibgut, Seepocken und Algen. Da war nur scheinbar fester Boden, in Wirklichkeit ein zäher Mahlstrom aus Gestank und Schlick, an manchen

Tagen bis zu vierzehn Stunden lang. Dann waren hier die Römer sicher vor den Kelten, die Normannen vor den Briten, die Schmuggler vor dem Zoll. Geheimer Mittelpunkt der Stadt zu ihrer Hochzeit wurde dann der Löwe in der »Coal Exchange« mit der geschnitzten Pranke auf der Tidenuhr. »High water today« stand darauf und »G. M. T.« für »Greenwich Mean Time«: Dann galt es die Schiffe zu leeren und zu beladen.

Heute plätschert Tag und Nacht das Wasser beider Flüsse dem Hafen um die Füße. Ein Staudamm hat die Tiger Bay zum Meer hin abgeriegelt, und eine künstliche Lagune aus frischem Süßwasser liegt gnädig über allem Dreck des Wattenmeers wie allen Übelständen der Vergangenheit. Zwölf Kilometer Küstenlinie hat Cardiff so dazugewonnen. Das Cardiff Bay Barrage Projekt, ein frisch begrünter Hightech-Damm weit vor dem Horizont, tausendeinhundert Meter lang, eines der größten und, mit zweihundertzwanzig Millionen Pfund, auch eines der teuersten Bauvorhaben in Europa in den letzten Jahren, gilt als Garant der neuen Zeit. Drei Tore in Türkis erkennt man in der Ferne, Durchlässe für Yachten und Vergnügungsboote. Kein Platz mehr für die großen Pötte der Vergangenheit. Von denen kommt und will auch keiner mehr nach Cardiff. Denn seine große Zeit als Hafen für das Industriezeitalter hat Tiger Bay schon lange hinter sich gelassen. Ebenso die Jahre und Jahrzehnte seines Niedergangs: Seit 1986 ist die Stadt dabei, sich für das 21. Jahrhundert und eine postindustrielle Zukunft mit dreißigtausend neuen Arbeitsplätzen in Call-

Centern, Verwaltung, Leasing-Agenturen und Versicherungen, in Elektronik, Film und im Tourismus neu zu definieren. Und mit Erfolg: In Umfragen gilt Cardiff als »most desirable destination« im Vereinten Königreich. Warum? In Cardiff kann man es erleben. »This is the place where it all happens.« In den neunziger Jahren wuchs die Bevölkerung von Cardiff mit neun Komma fünf Prozent jeder Statistik davon, der britische Durchschnitt lag damals bei drei Komma vier Prozent, der in Wales gar nur bei eins Komma neun Prozent. Anders ausgedrückt: Die Hälfte des Bevölkerungswachstums von Wales entfiel in dieser Dekade auf seine Hauptstadt, 27.500 von 54.700! So wächst die Stadt im Augenblick mit jeder Zählung neu: 350.000 sind es augenblicklich, sagt Bill O'Keene, *blue badge guide,* mit dem wir, für ein Wochenende lang, in Cardiff unterwegs sind. Gezählt sind davon nur, im Jahr 2003, 315.100, aber Bill schaut wohl nicht allzu weit voraus.

Seit der anglo-walisische Staatssekretär für Wales, Nick Edwards, das ehrgeizige Projekt gestartet hat, die Stadt aufs Neue mit den – neuen – Docklands zu verbinden, deren Siechtum Cardiff einst vom Wasser abgeschnitten hatte, konnte die »Cardiff Bay Development Corporation« schon an die vier Milliarden Pfund an Investitionen verbuchen, nur eine davon aus der öffentlichen Hand. Das war von Anfang an die Regel: Was immer auch die Stadtverwaltung, das Land und die EU an Geldern lockermachen würden: zu jedem öffentlichen Pfundstück mussten drei private Investoren klingeln. Einer war der Hotelmagnat Sir

Rocco Forte, der das erste Fünf-Sterne-Hotel für Wales in den gedämmten Schlamm der Tiger Bay stellte. Seiner Bedeutung entsprechend, trägt es den Namen des walisischen Schutzpatrons St. David, als Bau ein kühnes, umgelegtes »V« von sieben Stockwerken, das nicht von ungefähr an einen Schiffsbug erinnert, und mit einem flach geschwungenen Dach wie einem Segel über allem, dessen Ikonografie inzwischen von benachbarten Gebäuden im Inner Harbour aufgenommen worden ist, deren farbige Fassade sich im alten Hafenbecken spiegelt. »Techniquest« ist dort entstanden, das größte britische Zentrum für Naturwissenschaft, eine neue *county hall* im imponierenden Pagodenstil, in einer Silberröhre das Besucherzentrum, ein Provisorium von Dauer. Kaum einen Steinwurf weiter stehen die neuen Wahrzeichen der Stadt, das Millennium Centre mit der neuen gigantischen Oper, in deren bronzener Fassade sogar die Steine singen, zweisprachig, wie alles in Wales, und gleich daneben der neue Sitz der Welsh Assembly, das Parlamentsgebäude, das neben dem monströsen Rundling wie eine südenglische Hopfendarre wirkt. Mit den Scharen von Besuchern in den kleinen *water buses*, die sich bei der Fahrt durchs Hafenbecken vom Wind mit körnigem Wasser bewerfen lassen, sieht die Tiger Bay ein wenig wie ein postmodernes Disneyland am Wasser aus.

Doch was die umgebauten Lagerhallen, die heute Szenekneipe, Penthouse oder auch Hotel sind, im Kern bewahrt haben, das ist ihre Aura von Authentizität, ihre leicht erkennbare Verankerung in der Vergangenheit. Der ovale Roald-Dahl-Place beispielsweise bewahrt in dessen altem Herz die Form des großen »Oval Basin«, in der die Schiffe schnellstmöglich zu löschen waren, und seine wuchtigen Laternensäulen sind den alten Pfosten nachempfunden. So ist es leicht, trotz aller neuesten Errungenschaften des öffentlichen Amüsements im nahen »Atlantic Wharf Leisure Village« mit Nightclubs, Bowlingbahn und Multiplex-Kino, sich an der alten Stätte vorzustellen, dass von hier bis an den Horizont die Schiffe Schlange standen, bis zu sechzehn Meilen weit hinaus, wie heute nur die Flugzeuge in Heathrow. Bis zu tausend Schiffe in der Woche konnten hier entladen werden. Und das leuchtend rote Pier Head Building gleich davor, ein bauliches Kleinod aus dem Jahr 1897 aus akkuraten Ziegeln im Stil der französischen Gotik, mit Zinnen und Uhrturm immer schon rückwärts gewandt, zeigt noch im Terracotta-Schmuck der westlichen Fassade seine alte Bestimmung: Im Relief sind da ein Dampfschiff und eine Lokomotive zu sehen, darunter steht das Motto: »Wrth Ddwr a Than«, »By Water and Fire«: Hier war das Hauptquartier der »Cardiff Railway Company«.

Bill, unser Führer, zeigt uns seine Hand mit weit gespreizten Fingern: So, sagt er, liefen hier einmal die Eisenbahnlinien zusammen, um aus den »Valleys«, den Flusstälern von Rhonda, Taff und Usk mit sechzehn Zechenbetrieben und sechshundertzwanzig Gruben, die Kohle in die Welt zu bringen. Hundertachtzig Meilen Schienen gab es damals in den Docks, so wie die Schiffe draußen standen hier die Güterwagen Schlange auf Gleisanlagen, breiter als ein Fußballfeld: Cardiff war der größte Kohlehafen der Welt und erreichte seinen eigenen Rekord im Jahre 1913, als zehn Komma fünf Tonnen Kohle hier verladen wurden. Schon damals war die Stadt »the place where it all happens«: Der erste britische Millionen-Pfund-Vertrag wurde in Cardiff besiegelt. Auch damals war die Stadt die am schnellsten wachsende Großstadt in ganz Britannien, auch damals wegen ihrer Docks. Und das Auge des Tigers war hier: Hier traf sich das Volk, um Silvester zu feiern, so erinnert sich Harry »Shipmate« Cooke, Handelsschiffer und Poet, in seinem Tiger-Bay-Buch »How I Saw It«. Die Schiffssirenen und die Signale der Fabriken heulten, es roch nach Kaffee von der nahen »Costa Rica Coffee Company«, und der Himmel war noch schwärzer als der Hafen, von den Hochöfen der »East Moors Steel Works« und der Nacht. Es war die Zeit, »when coal was king«. Sein Schloss, die »Coal Exchange« von 1884, die wir ein paar Ecken weiter finden, war die größte Kohlebörse der Welt. Hier wurde einst der Kohlepreis der Welt bestimmt. Heute fristet das noch immer majestätische Gebäude am Mount Stuart Square sein Dasein mit Konzerten, Lesungen und Galas.

Der Niedergang des schwarzen Königreichs von Cardiff dauerte genauso lange wie sein Aufstieg: Zu Beginn des 19. Jahrhunderts, im Jahre 1801, hatte das Städtchen an der Mündung des Taff, das schon die Römer befestigt hatten, 1870 Einwohner. 1821 waren es 3579. Das Örtchen kam damit in Wales an siebenundzwanzigster Stelle. Vierzig Jahre später hatte Cardiff knapp zehnmal soviel: 33.000. Und noch einmal zwanzig Jahre später, 1881, waren es schon 82.000! Denn inzwischen, 1841, hatte die »Taff Vale Railway Company« den Betrieb aufgenommen. Bis dahin hatte man die Kohle und die Erze in den »Valleys« mit Maultieren und seit 1794 auf dem Glamorgan Canal transportiert. Mit der Eisenbahn, im ersten Jahr schon mit der Strecke von Merthyr nach Cardiff, begann der Boom. In einer Stunde schleppte sie so viel wie ein Boot auf dem Kanal in einem Monat: vier Millionen Tonnen zu Beginn, im Rekordjahr 1913 unglaubliche sechsundfünfzig Millionen Tonnen.

Manchmal half auch Glück: Der Bergwerksunternehmer David Davies aus Llandinam beispielsweise ruft im Tal von Rhondda seine Leute zusammen, um sie zurück in die Not zu entlassen, aus der er sie auf Zeit gerissen hat. Sein Geld sei alle – wie die Kohle. Und er wirft die letzten Münzen in die Menge. Sie sagen zu, noch für eine Woche zu graben – und finden um die elfte Stunde die größte Kohlenader dieses Tals, die größte Wales', die größte auf der damaligen Welt. Und nicht etwa irgend so ein stinkendes Zeug von mäßiger Hitze, mit dem man nur sein Cottage ausräuchern konnte, sondern *steam coal*, schlicht gesagt die beste Kohle auf der Welt mit großer Hitzeentfaltung bei mäßigem Rauch: Das, was der Fortschritt und die neuen Dampfer brauchten! Die Story ist nicht so erfunden, wie sie klingt, das Geschick des Kohlemagnaten David Davies ist gut belegt, und Bill erzählt uns die Geschichte auch erst, als wir wie zufällig vor dem Verwaltungssitz des einstigen Imperiums stehen.

Doch zur Welthauptstadt des Kohlehandels wurde Cardiff erst mit den planvollen Investitionen der Butes, einer schottischen Adelsfamilie, die 1767 von Mount Stuart House auf Bute Island nach Wales gekommen war. Der zweite Marquess von Bute steckte dreihundertfünfzigtausend Pfund Sterling, sein gesamtes Vermögen, in den Bau des West Docks, Cardiffs erstem Dock, das 1839 als Bute Ship Canal eröffnet wurde. Zu Anfang gab es Rückschläge, erst 1844 überholte das Dock den Glamorgan Canal in seiner Frachtkapazität. Dann aber stieg der Handel sprunghaft an, und auch die Stadt wuchs mit weiteren Docks, 1859 mit dem East Dock, 1887 mit dem Roath Dock, und 1907 mit dem größten von allen, Queen Alexandra Dock. Aus Cardiff, wo es an das Wasser grenzte, wurde »Butetown«. Ähnlich war der Wandel in Penarth und Swansea und überall an der Küste im Süden. Aber keine Stadt veränderte sich dabei so wie Cardiff: Erst kamen die Docks, dann Werften und Reparaturbetriebe, Seilereien, Segelmacher, Schiffsausrüster, Wohnheime und Hospitäler, schließlich Wohnungen und Menschen und Infrastruktur: Seit 1902 hatte Cardiff eine Straßenbahn. Die Menschen blieben hier, sie gründeten Familien: Butetown wurde ein New York im Kleinen, ein Schmelztiegel im Süden Wales'. Shirley Bassey war 1956 Covergirl der *Picture Post*: Geboren in den Docklands, mit einem nigerianischen Vater und einer irisch-walisischen Mutter, war sie das »Girl from Tiger Bay« schlechthin. Ihr männliches Pendant drei Jahre später war bereits erfunden: Horst Buchholz im Spielfilm »Tiger Bay«, ein polnischer Seemann, der Mörder seiner Braut. Da zeigte sich im Titel schon der Blick von außen: Es waren Seefahrer gewesen, die eingedenk der indischen Bemerkung, man könne keinen Tiger zähmen, der Cardiff Bay und ihren Menschen diesen Namen übertragen hatten. Die Einheimischen blieben meist bei »Butetown«. Sie lebten hier für sich, vom Zentrum abgeschnitten durch jene Eisenbahn, die heute noch verkehrt. Wer es sich leisten konnte, zog nach draußen, in die Vorstadt, während das eigentliche Cardiff seinen viktorianischen Zuschnitt behielt. Butetown wurde eine Enklave der untersten Schicht, vernachlässigt, zuletzt verrottet, herumgestoßen von einer Sozialpolitik mit der Abrissbirne, der Folklore freigegeben.

Am Abend, passend für den Start ins Wochenende, richtet unser Hotel im Ballsaal eine »Tom Jones Tribute Night« aus. Auch Thomas Jones Woodward, Chorknabe aus dem benachbarten Pontypridd, Sohn eines Minenarbeiters aus Rhondda Vale und selbst mit sechzehn Jahren Vater, hat sich zum Vorzeigewaliser hochgesungen. Und mit seinem Rufnamen »The Tiger« und seinen zahllosen Affären ist er ganz ein Mann für Tiger Bay. Schon mittags hat man die Tische gerückt, jetzt gibt es ein *dinner*, gesteiftes Leinen, kleine, gut verteilte Tische mit Lampen, Tischkarten und reservierten Plätzen. Tischtelefone wären passend, doch sie können fehlen, denn die Gäste sind zumeist als Ehepaare da und gemeinsam mit ihrem

Idol in die Jahre gekommen. Der Diskjockey hat leichtes Spiel mit lauter Evergreens, »It's not unusual«, »Delilah«, »Help yourself« und zwischendurch auch »Sex Bomb«, weil man es sich doch noch einmal zeigen will. Viele tanzen, manche schwelgen in Erinnerungen, und vorübergehend wird wohl die Hommage für alle zum Revival einer schönen Zeit vor Zellulitis und Viagra.

Am nächsten Morgen sind wir auf dem Weg ins Schloss. Am Eingang in die Queen Street mit der Fußgängerzone und den hübschen Ladenpassagen steht Aneurin Bevan auf seinem Denkmalsockel in der bekannten Rednerpose, vorgebeugt, als stemme er sich gegen die Profitgier liberaler Unternehmer oder bloß gegen den Wind. Der Labour-Minister, Sohn eines Bergmanns auch er, führte 1948 den National Health Service für die Arbeiter ein, so wie seine Regierung im Jahr zuvor mit der Verstaatlichung der Kohleindustrie versucht hatte, den kranken Riesen zu kurieren. Es half nichts: In den zwanziger Jahren hatten noch achtundvierzig Prozent der Bevölkerung von Südwales in der Montanindustrie gearbeitet, 1990 gerade noch ein Prozent.

Davon ist in Cardiff Castle nicht die Rede: Als die Butes die normannische Burg übernahmen, hatten sie ihr Geld bereits gemacht. Bereits den dritten Marquess, John Patrick Crichton-Stuart, interessierte an der Kohle nur die Kohle. Er hatte nach dem Tod des Vaters seinen Titel früh erlangt, mit einem Jahr schon, 1848, und 1865 begann er mit dem Neuentwurf der Burg. Acht Jahre später stand der »Clock Tower«, der heute noch das

Stadtbild dominiert, und von seinem hundertundeine Wendeltreppenstufen hohen »Summer Smoking Room« hätte der Marquess nach Norden hin die »Valleys« sehen können, aus denen seine Kohle kam, nach Süden hin den Hafen und unter sich, am Fuß des Turms und nah am River Taff, die endlosen Reihen der Kohlewaggons. Doch der Turm war seine Junggesellenresidenz, und der junge Multimillionär hatte sich bereits im Jahr zuvor verheiratet. Ihm fehlte überdies die Leidenschaft für das Geschäft. Sein Vater hatte noch am 9. Oktober 1839 die Prozession der Tausenden begleitet, als das erste Dock eröffnet wurde. Der Sohn warf sich mit Vehemenz auf Kunst und Wissenschaft, ein Homme des lettres, bewandert in zahlreichen Sprachen, begabt mit einem viktorianischen Geschmack an der fließenden Grenze zum Spleen, und mit seinem Freund und Architekten, dem extravaganten William (»Billy«) Burges, baute er aus Cardiff Castle sein Neuschwanstein, geradlinig im Äußeren, beziehungsreich und von Bedeutung überladen im Inneren. Es war, als habe ihm dabei die Stadt Modell gestanden: Die Schiffe, die nach Cardiff wegen seiner Kohle kamen, hatten oftmals Steine als Ballast geladen, die sie im Hafen ließen. In Cardiff wurden sie gebraucht, um Flächen zu verfüllen oder auch das Mauerwerk zu zieren. Sie hießen beziehungsvoll »Random Stones«, hundertvierzig Arten fremder Mineralien in Cardiff, in Spuren heute noch im Stadtbild zu entdecken. Ganz ähnlich verquirlten die beiden fanatischen Burgenbauer die Stile der Welt zu einem »Random Style« ihres »Gothic Revival«, mischten

Mittelalterliches mit Islamischem, Arabisches mit Provenzalischem, Märchen mit Astronomie, Unmögliches mit Hochnotwendigem. Der extrovertierte Burges war Opiumraucher und obendrein notorisch kurzsichtig. Jetzt lästerten die Kritiker: Das kommt davon!

Das große Werk des Vaters war nicht mehr zu wiederholen, der Erbe konnte es nur noch mit einem Überbau versehen, und so huldigt denn sein Schlafzimmer dem Reichtum der Erde, der auch seiner war, mit sechzig Marmorarten an den Wänden, Alabaster im Bad und einem römischen Sarkophag als Körperformwanne. In den Kamin sind Proben aller Erze eingelassen, Wandmalereien zeigen den Bergmann und Schmied, den Fischer und Korallentaucher. Unser Führer, Trevor Jones, schwelgt in Details und Fußnoten der Baugeschichte, die ihrerseits der königlichen Schlossgeschichte huldigt. Kein Zweifel: Er schätzt den Mann, der ihm im Grunde seinen Posten eingetragen hat, und gerade deshalb auch gestattet er sich einen Scherz mit dem Grafen von Gloucester auf dem Kamin des großen Ballsaals und liest die lateinische Inschrift des ritterlichen »Robertus Consul Com Glo«, als sei sie eine frühe Internetadresse: »www. Consul dot com«.

Von der nachgebauten normannischen Motte im Inneren des Schlosshofs schauen wir zur einen Seite auf das Schloss der Butes, hinter dem sich das Millennium Stadium erhebt, mit hundertsiebenundvierzig Millionen Pfund auch eines der beneidenswerten Sahnestücke in der neuen Stadt, und seit seiner Eröffnung mit dem Rugby World

Cup-Finale 1999 ein strahlend weißes Nest für goldene Eier: Weil Wembley abgerissen wurde, finden alle Großereignisse des britischen Sports in Cardiff statt, und wenn es um Rugby geht, ist die ganze Innenstadt für den Verkehr gesperrt. Die Pubs und die Hotels sind voll: »Hoffen wir«, sagt Bill, »dass die sich lange noch nicht einig werden, was aus Wembley werden soll.« Wir wissen: Auch an diesem Wochenende steht ein Cup-Spiel an, das Finale im Worthington Cup, Tottenham Hotspurs gegen Blackburn Rovers, und wir haben auch schon die ersten Fans beim Frühstück gesehen, muskulöse Burschen ohne weibliche Begleitung, den Kragen ihres Polohemds bereits am Morgen hochgestellt.

Das Panorama in der Gegenrichtung zeigt das repräsentative Cardiff, das imperiale Civic Centre rund um die Alexandra Gardens, das einer größeren Hauptstadt als der eines Drei-Millionen-Ländchens zur Zierde gereichte. Dort, in Cathays Manor, hatten einst die Butes gewohnt. Als sie ins Schloss gewechselt waren, 1898, verkauften sie der Stadt den Grund, doch mit der Auflage, dass dort nur öffentliche Bauten von repräsentativem Charakter entstehen sollten, und alle aus demselben Material: weißem Portland-Stone. So kam die Marktstadt Cardiff neben ihren schönen Gassen und Passagen an ein prächtiges Ensemble neoklassizistischer Verwaltungsbauten mit Kuppeln, Türmen, Parkanlagen und Alleen, die Law Courts und die City Hall von 1906, die Universität von 1909/16, das Nationalmuseum von 1927, dessen Ausstattung dem Äußeren kaum nachsteht, die

Butes an einen weißen Widerpart zur Kohle. Als Cardiff 1955 Hauptstadt wurde, der »englischste« von allen Mitbewerbern wie Wrexham oder Aberystwith, wirkte das wie eine lange fällige Beförderung. Die Butes mochte das noch aus der Ferne freuen: Sie waren nach dem Zweiten Weltkrieg und der Verstaatlichung nach Schottland zurückgekehrt.

Am nächsten Morgen, als wir noch einmal nach Butetown unterwegs sind, ist die Stadt schon wie verwandelt. Blau-weiße Fans und Fahnen sind seit dem Frühstück überall zu sehen. Denn sowohl die Heißsporne aus Tottenham als auch die Vagabunden aus dem fernen Lancashire tragen üblicherweise Blau-Weiß. Manche haben keck am Morgen schon Perücken aufgesetzt, giftig blau und weiß auch diese, in der Hand dazu das erste »Pint of Brain's«, das örtliche *bitter* aus der Brauerei von S. A. Brain. Dass »brain« Gehirn heißt, mag sie noch ermuntern. Doch dass S. A. von eingeweihten Trinkern als »skull attack« gelesen wird, dürften sie erst lernen, wenn es dafür schon zu spät ist. Noch strömen immer mehr Besucher in die Stadt, nicht nur ins Stadion: In den Prachtalleen des Civic Centre werden allein dreihundert Reisebusse aus England erwartet.

Unser letzter Gang führt noch einmal nach Tiger Bay, ins gut versteckte »Butetown History & Arts Centre«. Die Kunstausstellung übersehen wir, dafür gibt es Bücher, und als wir Fragen stellen, einen Mann, der antwortet: Frederick (»Freddy«) Manny. Wir sagen »Tiger Bay«, und er sagt: »I'm the man.« Er sei so ungefähr der Letzte an der

Grenze zwischen einst und jetzt. Von Butetown schwärmt er nur und wird mit vierundsiebzig Jahren wieder jung: »No problems« gab es damals, sagt er überzeugt. Hier lebten siebenundfünfzig Nationalitäten, »but everyone was colourblind«. Die ethnische Durchmischung ist ihm ein Beispiel für das Miteinander der Nationen, eine ähnliche Bereicherung wie jene »random stones« im Stadtbild. Die Kneipen, sagt er, welch ein Leben! Und die »ladies of the night«! Dass im Jahresmittel vier Kinder in den Docks ertranken, lesen wir erst in den Büchern, die er uns ans Herz legt. Mit Mr. Manny wird für uns das alte Cardiff für Augenblicke noch einmal lebendig. Er zeigt uns eindrucksvolle Fotos von Bert Hardy, dem bekanntesten britischen Reportagefotografen, mit der Leica festgehalten für das Aprilheft 1950 von *Picture Post*: »Das da«, sagt er, »ist gleich draußen vor der Tür.« Damals war die enge Bute Street die Verbindung in die Stadt. Für die großspurige Lloyd George Avenue mussten erst die Gleise demontiert und die Industriebetriebe abgeräumt werden. Und mit Patti Douglas, für die Zeitschrift damals nur eine strahlende »welsh mum« mit einem wohlgenährten Säugling auf dem Arm, hat er eben noch draußen gesprochen. »Schön war es damals«, sagt er, damals in den Fünfzigern. 1957 trat dann ein Fünf-Jahres-Plan in Kraft, nach dem vierhundertsechzig Häuser in Butetown abgerissen wurden. Was an ihre Stelle trat, ist heute noch zu sehen: *yellow brick roads* eines scheußlichen sozialen Wohnungsbaus rund um die jemenitische Moschee. Wir fahren hier vorüber, als wir auf dem

Weg zum Flughafen sind. Dass die Rovers 2:1 gewinnen werden, wissen wir noch nicht. »Die Leute hier«, sagt Bill O'Keene und meint die flachen Backsteinreihen, »sind auf die Cardiff Bay Development Corporation nicht gut zu sprechen. Für sie sei dabei keine Arbeit abgefallen. Alles neu, aber alles von außerhalb.« Ihre Heimat ist ihnen dabei abhanden gekommen, wie den meisten ihre Arbeit. Dann setzt er leise hinzu: Aber ohne das Projekt hätten sie gar keine Arbeit.

Und wir fürchten, dass es dazu weiter nichts zu sagen gibt.

## *Bleibe für Exzentriker*

*Im Bücherdorf Hay-on-Wye*

Das Dorf zieht sich den Hügel hoch, die Häuser an der Castle Street sind dicht gestellt aus Kalkstein, grau und braun und grünlich schimmernd. Den Blick ins Weite, auf die grüne Weidelandschaft mit den Hecken, die die Höhen auf und nieder laufen, findet man nur selten, unverhofft in einer Lücke in den Mauern. Doch vermutlich sucht ihn und vermisst ihn niemand hier: Was es in Hay-on-Wye vor allem anderen zu sehen gibt, das steht im Dämmerlicht verwinkelter Lokale, in zugestellten Hinterzimmern, auf endlosen Regalen an der Wand: Das Grenzdorf zwischen Radnorshire und Brecknockshire wie zwischen Wales und England ist das erste Bücherdorf der Welt, seit 1977, genauer: seit dem »Fool's Day« jenes Jahres, sogar ein »Königreich der Bücher« mit einem selbst ernannten König ohne Thron, dem angesichts der ländlichen Umgebung wohl auch der Titel des Großgrundbesitzers angemessen wäre: Richard Booth, der Erste wie der Einzige, besitzt das größte Antiquariat Europas. Vor allem das größte in Hay.

In literarischen Begriffen ist dies »Chatwinshire« – eine literarische Landschaft wie Faulkners Yoknapatawpha-County oder Uwe Johnsons Erinnerungs-Kosmos rund um Jerichow und Gneez in

Mecklenburg. Bruce Chatwin hat dem hügeligen Rand der Brecon Beacons ein eigenes Denkmal gesetzt mit dem archaischen Familienroman »On the Black Hill« von 1982.

Doch die Landwirtschaft im alten Marktort Hay-on-Wye ernährte schon in den sechziger Jahren kaum noch ihren Mann, zumal die Landbesitzer meist in England saßen. Hinzu kam die Mobilität der Bewohner, die zum Kaufen in die großen Städte zogen, wenn sie nicht ganz dorthin verschwanden. Hay, nach einem alten Wort der »Hag«, das Eingehegte, und deshalb noch vor hundert Jahren meist »The Hay« genannt, erschien vor solchem Hintergrund nur noch als abgelegen.

Nach solcher Bleibe suchen nur Exzentriker. Einer von ihnen war Richard Booth, Oxford-Absolvent und Büchernarr. Er machte 1961 in Hay-on-Wye den ersten Bücherladen auf, und bald bewahrte er mit seinen weltweit eingekauften Schätzen das alte Dorfkino davor, zum Supermarkt, wenn nicht zum Fitnesscenter zu verkommen. Die Idee kam an, Booths Rechnung ging auf. Hay wurde attraktiv als Dorf der alten Bücher, es zog und zieht die Menschen an, die Käufer wie die Nachahmer: Inzwischen gibt es weltweit rund ein Dutzend »echter Bücherdörfer« nach dem Muster Hays: Redu in Belgien, Montolieu im Süden Frankreichs, Stillwater in den USA, Sidney in Kanada, Müllenbach im Oberbergischen wie Wühlbeck-Friedersdorf bei Bitterfeld.

Ihnen allen hat der heimelige Ort mit seinen neununddreißig Buchläden bei tausendfünfhundert Einwohnern voraus, dass er der erste war.

Und seit 1988 hat Hay sein einzigartiges Festival rund um die Kunst und die Literatur, das im späten Frühjahr mit rund zweihundertfünfzig Veranstaltungen für zehn Tage rund fünfundachtzigtausend Menschen in das Örtchen ohne Bahnhof, fern von einem Flugplatz, bringt, darunter schon von Anfang an Berühmtheiten wie Arthur Miller, John Updike, Bob Geldorf und Bill Clinton. Der Gründer Peter Florence, noch immer Festivaldirektor, sorgt für das Programm, und Golesworthy's Angelladen gegenüber dem Uhrturm bunkert reichlich Gummistiefel, denn für gewöhnlich regnet es in Wales im späten Frühjahr. Das treibt die Menschen zwischen den Veranstaltungen entweder in den »Swan« und den berühmten »Old Black Lion« oder in die Läden. »Pemberton's Book Shop« am alten überdachten Buttermarkt warnt in Gold gleich zweifach auf der Tür mit dem Vermerk »New Books«: Aber schon der Oxfam-Laden um die Ecke hat, wie überall, ein Buchregal für alte Schwarten.

Beim Stöbern treffen wir den König selbst zu einer Zufallsaudienz in seinem Shop, dem alten Landmaschinenhandel in der Stadt mit blau lackiertem Schmuck am Fenster. Hünenhaft, wenn auch vom Schlaganfall gezeichnet, steht Richard Booth inmitten seines Thronsaals und antwortet auf Fragen, die ihm keiner stellt. Die Quintessenz der Sätze sind Verfolgungsphantasien, teils auf die BBC, teils auf Bill Gates gemünzt. Doch auch Richard Booth hat selbstverständlich eine Website.

»Davidleesbooks.com« schräg gegenüber hat sein Schaufenster um einen Titel herum arrangiert:

»Books are essential.« Das gilt in Wye, wie überall, nur sehr bedingt, schon gar nicht immer für den Inhalt, den Gehalt, den Geist der Bücher, doch selbst dann immer auch und wesensmäßig für das Buch als Kaufobjekt. Denn abgesehen von den Läden mit den feinen Erstausgaben gibt es um das Schloss bei Wind und Wetter auch die Auswahl mit dem Ausschuss, ausgestellt auf rostigen Regalen mit einer Dose für das kleine Geld, dreißig Pence pro *paperback*, fünfzig Pence pro *hardback*, zugänglich rund um die Uhr, ohne jegliche Kontrolle, ohne Tüte, selbstredend ohne Beleg: Die Schlussetappe für die Ware Buch kurz vor dem Reißwolf, auch in Hay.

## *Porträt des Künstlers als junger Spund*

*Dichter – nicht nur Dylan Thomas*

Die Schafe sind zurückgekehrt. Wie helle Steine liegen sie im Gras der Hügelflanken bei Cwmdu. Sie drängen zu den unbelaubten Erlen an den weiten Uferweiden der Gewässer. Manchmal jagen sie auch wie auf ein geheimes Zeichen hin steil hügelwärts in jenem engen Tal, das trotz des Grüns Black Valley heißt, so wie die roten Sandsteinfelsen oberhalb des Heidekrauts Black Mountains heißen.

Als zu Anfang des Jahrtausends in Wales die Maul- und Klauenseuche umging wie der schwarze Tod, waren alle Weiden leer, die Hügelkämme unbelebt, die Täler still bis auf das Wasser. Die Schafe waren auf den Höfen eingepfercht oder brannten auf bizarren Scheiterhaufen, ein düsteres Fanal der Mediengesellschaft. Doch jetzt ist Wales zum alten Bild zurückgekehrt: zwanzigtausend ewiggrüne Kilometer im Quadrat, bevölkert von elf Millionen Schafen bei weniger als drei Millionen Bewohnern.

Es mag bei dem Verhältnis vier zu eins ein wenig leichter sein, auf den Gedanken zu verfallen, einem ehebrecherischen Gatten mit einer tiefgekühlten Lammkeule den Schädel einzuschlagen oder einschlagen zu lassen. Obwohl auch hier die meisten tiefgekühlten Lämmer aus Neuseeland kommen. Zumindest aber hätte in den Brecon Beacons der Einfall eine andere Grundierung. Die pointierte Weiterung, die Keule (!) nach der rechten Zeit im Ofen ausgerechnet von der Staatsgewalt verspeisen zu lassen: Auf diesen Einfall kam indes auch hier nur einer, Roald Dahl, der Meister des schwarzen Humors. Er lässt die Polizei den Braten nur wortwörtlich riechen und würzt das seltene Gericht aus dem Erfahrungsschatz der Strafverfolgung: »Wenn man die Waffe hat, so hat man auch den Täter.« Hier spricht die Polizei.

Die verblüffenden Erwachsenen-Erzählungen, die ein Titel einmal so genau wie möglich »Tales of the Unexpected« nannte, wirken durch den Kunstgriff des Verfassers, den Leser wohldosiert an den verborgenen oder verbotenen Absichten seiner Figuren teilhaben zu lassen, um jenen Wissensvorsprung zu gewähren, der dem Schrecken, selbst dem Grauen, Komik ebenso wie Spannung abgewinnt.

Mit Wales, seinem Land, hat das wenig zu tun. Schon dass der Autor hier geboren wurde, war ein Stück weit Zufall, auch wenn Roald Dahl gerade darin ein typischer *Cardiffian* ist: Die Eltern Norweger, der Vater Schiffsausstatter, der im Schmelztiegel der Tiger Bay genügend Arbeit fand. So kam der Sohn am 13. September 1916 in Llandaff zur Welt. Die Mutter ging später nach Kent, Roald kam schon in der Ausbildung bei Shell nach Afrika, schloss sich im Krieg der Air Force an, wurde später Autor in den USA, zuletzt in England. Nach Wales kam er nie mehr zurück. Für eine »Blue Plate« am Geburtshaus gab es dennoch Grund genug.

Durch die Eingemeindung 1922 fiel Llandaff an Cardiff, und so kam Cardiff an den großen Sohn, nach dem nun das Filetstück in der Bay heißt: der »Roald Dahl Plass«, früher das ovale Dock, in dem die Schiffe auf die Flut zur Ausfahrt warteten, jetzt die Festwiese am Hafen. Hier feierte Cardiff gleich zwei Jubiläen im Jahr 2005: einhundert Jahre City, fünfzig Jahre Hauptstadt.

Auch das Millennium Centre, das neue Opernhaus, nach dem Stadion das zweite »Jahrtausend«-Bauwerk der Stadt, kündet vom Dichten: In der gewaltigen Metallhaube ist haushoch ein Epigramm ausgespart, englisch und walisisch wie das kleinste Ortsschild hierzulande, abends warm erleuchtet: »In These Stones Horizons Sing.« Die Steine: Das ist der Schiefer der Southerndown Cliffs von Glamorgan, dem die Außenwände des Kolosses täuschend echt nachempfunden sind. Sie beschwören Überlieferung und Identität, und überhaupt ist die Oper von außen eher eine steingewordene Idee als schlüssige Architektur. Zu der raunenden Beschwörung weiter Horizonte passen die gewitzten Stories Roald Dahls nun ganz und gar nicht, dafür um so mehr die archetypischen Eroberungsgeschichten, die man hier auch heute noch erzählt: Etwa die von dem Normannen William de Braose, bekannt als Oger von Abergavenny, der 1075, 1076 oder 1077 die keltischen Prinzen von Powys zum Friedensmahl lud. Es war Weihnachten, er wollte Gastfreundschaft beweisen. Es sollte Frieden sein fortan und gute Nachbarschaft! Ein Wort wie Misstrauen, so scheint es, kam im Kymrischen nicht vor. Im Bankettsaal bat er Seisyll und die Seinen, die Waffen abzulegen – und gab das Zeichen zum Massaker. Er ruhte nicht in seinem kalkulierten Rausch, bis auch die Frauen, Kinder und die Alten abgeschlachtet waren. Die Rache folgte als die zweite Strophe des Gesangs: 1182 legten die Waliser Abergavenny in Asche. Für die Erben gab es mit der dritten Strophe den Refrain und wieder einen William de Braose, der diesmal gar den Beinamen »Black William« trug.

Solchen dichterischen Basics aus den Brecon Beacons steht Bruce Chatwin als Erzähler (»On the Black Mountain«, 1982) ungleich näher als das pointierte Spiel von Roald Dahl. Wie programmatisch heißt die Farm aus dem Roman »The Vision«, zwar weil die Jungfrau einmal über dem Rhabarberbeet erschienen war, aber doch wohl auch, um den Entwurf der guten Zeit zu untermauern: »Eines der Fenster blickte auf die grünen Felder Englands hinaus«, so heißt es auf der ersten Seite, »das andere blickte zurück nach Wales«: Warum »zurück«? Und nicht »hinaus«? Wohl aus demselben Grund, aus dem die Bauern hier das Alte Testament dem Neuen vorziehen: »Weil im Alten Testament sehr viel mehr Geschichten von Schafzüchtern stehen.«

Doch der Frühverstorbene aus Sheffield war allenfalls Gesinnungswaliser, bei Sotheby's erfolgreich, ehe es ihn umtrieb in die Welt und ins Nomadentum. Auch Ken Follet, *Cardiffian* wie Dahl, hat Wales als Autor hinter sich gelassen. Und sein Bestsellerkollege Dick Francis, 1920 im benachbarten Caerphilly geboren, ist als Jockey außer Dienst und als Krimiautor ebenfalls in anderem Geläuf verwurzelt als im Grün der Heimat.

Wer Wales und Bücher sucht, der findet beides opulent in Hay-on-Wye.

Wer statt der Bücher die walisische Dichtung, gar den Waliser Dichter schlechthin sucht und nicht zurück will bis ins Mittelalter und Geoffrey of Monmouth, der bleibt auf Dylan Thomas angewiesen. Der Frühvollendete, der schon aus diesem Grund an Marlowe und Chatterton, Shelley und Byron erinnert, ist mehr als fünfzig Jahre nach dem Tod mit seiner Heimat enger verbunden denn je: Von Swansea, der Geburtsstadt, bis nach Laugharne, wo er begraben liegt, zieht sich ein vierzig Meilen langer »Dylan Trail«, auf dem man seinem Leben und den öffentlichen Spuren seines Werkes begegnen kann. An beiden Enden dieses Lebens-Wegs kann man sich in liebevoll geführten Häusern rüsten für die angemessene Begegnung mit dem wilden Genie, wie es an Maß- und Schonungslosigkeit kein zweites gab. Was Freud nur im Modell vom Es und Harpo Marx nur auf der Leinwand schafften, dem verlieh er eine Zeit lang seine menschliche Gestalt, so selbstsüchtig wie welthungrig, so hemmungslos wie rücksichtslos, so ohne jegliche Verantwortung und doch so unschuldig zugleich wie nur ein kleines Kind. Dauer, Form und Halt fand Dylan Thomas einzig in der Poesie. »Tales of the Unexpected«: So, beispielsweise, könnte die Geschichte seines Lebens heißen.

Das Haus hoch über Swansea, No. 5, Cwmdomkin Drive, trägt wie das Geburtshaus in Llandaff eine »Blue Plate« an der schmutzigen Fassade. Das Haus ist nach wie vor bewohnt, ein schmuckloser Bau von der Art, die man hier *semidetached* nennt, mit weißem Erkerfenster und roten flachen Pfannen vor der Wand im ersten Stock. Einmal hat die Stadt eine Gelegenheit zum Kauf verstreichen lassen, beim zweiten Anlauf war der Preis so hoch, als stecke in der Immobilie der Genius. Nun soll der National Trust ein Auge auf dem Häuschen haben.

Dabei ist der kleine große Sohn der Stadt, einen Meter siebenundfünfzig nach der Auskunft seiner Frau, längst im alten Rathaus von 1829 eingekehrt. Dort, hart am River Tawe, hat Jimmy Carter 1995 das Dylan-Thomas-Centre eingeweiht, eine Ausstellung mitsamt Café und Antiquariat, zwei Räume für die Spuren eines Künstlerlebens, gesammelt von Jeff Towns, dem Buchhändler von »Dylan's Bookstore«. Da ist die Büste nach der Totenmaske, da sind Porträts wie jenes auf dem »Sgt. Pepper«-Album zwischen Marlon Brando und Tom Mix, Buchumschläge und Plakate, Tafeln mit Erläuterungen, Lautsprecher mit seiner Stimme, Monitore, Bilder. Selbst die alten Türen seines Schuppens fern in Laugharne hat ein Verehrer aufbewahrt. Dazu ein Blatt vom Block der Whitbread-Brauerei: damals eine *drink bill*, heute fast Reliquie. Für den 7. Mai 1953 stehen da zwölf *pints* of Bass und noch einmal zwölf Worthington's.

Trinken, so schrieb seine Witwe Caitlin, war für sie beide keine Therapie und keine Flucht, es war ihr Schicksal, ihre Art zu leben: Sie hatten sich in einer Kneipe kennengelernt, sie waren schicker bei der Hochzeit in Penzance, sie brachten selbst die Sieben-Shilling-Raten für das Ehebett im Wirtshaus durch. Sie trank, wenn er, betrunken, fremdging. Er war betrunken, als die Kinder kamen, und trank, als Caitlin abtrieb. Am Ende sprach man heimlich über ihn mit Hilfe der Initialen: Dylan Thomas – D. T. – Delirium Tremens.

Von einem bürgerlichen Leben hatte er nur den Begriff: »Lower middle class in attitude and in behaviour« – so stellte er sich einmal vor. Doch in einer festen Anstellung hielt Dylan es nur einmal aus, mit sechzehn, als Reporter bei der *South Wales Daily Post* am Fuß der High Street. Es wurde eine achtzehnmonatige Episode, von der er die Verachtung für die Menschen im Beruf und für ihre Pünktlichkeit zurückbehielt.

Als Lehrersohn in einem Haus voller Literatur war er von Anfang an auf Dichtung eingestellt, schon seinen damals unüblichen Namen Dylan, »Sohn der Welle«, hatte sich der Vater, Englischlehrer an der Grammar School, aus der mittelalterlichen Mythensammlung der »Mabinogion« geborgt. Blieb ihm da etwas anderes als Lesen? Geschrieben, sagt er, habe er auch schon mit sechs. Als er mit zwanzig seine Stadt zum ersten Mal verließ, hatte er sein Werk in vier Notizbüchern zu großen Teilen fertig konzipiert. Kein Wunder also, dass sich Swansea seines Dichters rühmt, auch wenn die Gefühle für die »ugly lovely town« durchaus gemischt herüberkamen: »This sea town was my world«: Das klingt weit eher nach Sarkasmus als nach Stolz.

Wo Swansea lieblich ist: Danach muss man

schon fragen. Dann hört man von den malerischen Stränden der Halbinsel Gower, vom Dörfchen Mumbles, Swanseas »Notting Hill«, seit sich Catherine Zeta-Jones an ihrem Geburtsort eingekauft hat und ihrem Sohn den Namen Dylan gab. Die herbe Hässlichkeit der Stadt ist leichter zu entdecken. Gleich gegenüber dem Dylan Thomas Centre traf jahrzehntelang die Kohle aus den »Valleys« mit dem Zinn aus Cornwall und dem Kupfer aus Amerika zusammen. Generationen wuchsen auf am Schlackenberg von Kilvey Hill und hätten mehr als bloß ein *pint* darauf verwettet, dass auf dem tiefverseuchten Abraum bis zum jüngsten Tag kein Gras mehr wachse. Die Wette hätten sie verloren. Jetzt leuchtet dort sogar der Stechginster.

Die High Street, die im Winter 1941 vom Bahnhof abwärts von deutschen Brandbomben in Schutt geworfen wurde, ist wieder aufgebaut mit klassizistischen Fronten aus grauem, geschnittenem Stein, hinter denen sich ein Sammelsurium an Formen, Stilen, Werkstoffen verbirgt. Thomas' Eltern waren 1937 schon nach Bishopston gezogen, nach Gower, ins Grüne. Wo die Straße unten in die Wind Street übergeht, ist »Dylans Welt« noch wohlverwahrt: Der neue Bau der Zeitung, längst schon die *Evening Post,* steht noch am alten Ort, auch viele seiner Kneipen, für Leute wie ihn seine *watering holes*, sind noch da: In der »No Sign Wine Bar« an der Salubrious Passage stehen ein paar abgegriffene Bücher auf dem Kamin. Wären seine Short Stories darunter, könnte man der Örtlichkeit als »Vine Vault« an der »Paradise Alley«

begegnen. Auf den Schieferplatten vor der Theke drängen sich die Gäste, es ist Freitagabend, Swansea lebt im Klammergriff des Unterschichten-Hedonismus aus den »Valleys«. Die reifen Frauen schulterfrei mit Armen, als schleppten sie im Hafen Kohle, die Jungs im Polohemd, den Kragen hochgestellt im Wind, die Mädchen nabelfrei, in *miniskirts* mit Glitzersandalen, auf dem Bahnsteig wie im Club. Manche reisen in das Wochenende mit nichts als einem Bündel Geld und einer Zahnbürste im Knopfloch: Irgendwas geht immer, soll das heißen.

In diese Welt ist Dylan Thomas als Erwachsener nicht zurückgekehrt. Er suchte fortan nach der Welt der Eltern in Camarthenshire: »Ich verbringe Pfingsten in der seltsamsten Stadt in Wales, Laugharne, mit einer Bevölkerung von vierhundert Seelen, hat ein Rathaus, ein Schloss und einen Hafenvogt. Die Leute reden in einem breiten englischen Dialekt, obwohl sie von Hunderten von Meilen walisischem Land umgeben sind.« So schrieb er Pfingsten 1934, neunzehnjährig, großspurig, an eine Freundin. Doch erst mit Caitlin, 1938, kam er dauerhaft nach Laugharne, stieg aus dem Bus, so schrieb er später (»Quite Early One Morning«), und vergaß schlicht, wieder einzusteigen.

Es mag das Transitorische des Fischerdorfs gewesen sein, warum sie es beide liebten: hart am Meer und an der Flussmündung gelegen, dort, wo die Flut den Tâf ins Land drückt und zuletzt ertränkt. Caitlin schwamm hier gerne, suchte Muscheln, spießte Fische. Dylan fand am Rand der Burg »A Room with a View«, ein Zimmerchen in einem Türmchen auf der Brustwehr mit dem Blick auf grünen Schlick und Rippelmarken, auf Wasser, das bei *sea haze* vor der fahlen Sonne glänzte wie Silvesterblei. Hier arbeitete er selbstbewusst an seinem Bild als neuer Joyce: »Portrait of the Artist as a Young Dog« nannte er die Sammlung autobiografischer Geschichten.

Haus »Sea View«, Caitlin zufolge die Bleibe ihrer glücklichsten Zeit, finden wir verfallen nah dem Schloss. Ein Schild warnt: »Keep out, falling masonry«. Zeit war dem Glück der beiden nicht beschieden. Sie mussten Laugharne nach einem Jahr verlassen, weil selbst die Wirtin in der Kneipe nicht mehr anschrieb. Ihr zweites Kind kam in London zur Welt; sie gaben ihr den Namen »Aeronwy« – nach dem River Aeron in Cardiganshire.

Noch einmal, 1949, kamen sie ans Meer zurück: Ihr *boathouse* war ein Glücksfall, mit der Schulter an die rote Klippe angelehnt und mit dem Zeh im Wasser, Arche Noah, Werft und Trockendock in einem. Eine Gönnerin kaufte das Haus, sorgte für Wasser und Strom und legte die Voraussetzung für »lower middle class in attitude and in behaviour« mit einer Uhr auf dem Kamin und Porzellanhunden. An Büchern kaum etwas, die hatte er alle im Kopf. Bald waren sie zu fünft. Alles, was er hier noch schreiben werde, so der Begünstigte im Brief, sei ein Dankeschön an sie: Vor allem schrieb er »Under Milk Wood«, das Porträt von Laugharne als alter Stadt »mit seinem Schloss, mit seinem Friedhof, seinen Seemöwen, Geistern, Gänsen, alteingesessenen Feindschaften, Schaudermärchen, Skandalen, Kirschbäumen, Geheimnissen, Dohlen in den Schornsteinen, Fledermäusen in den Oberstübchen der Türme, Skeletten in den Schränken, Wirtshäusern, Schlammkuhlen, Muscheln, Flundern und Brachvögeln, mit seinem Regen und seinen menschlichen und oft allzumenschlichen Geschöpfen.«

Dylan überließ das schöne Haus, das heute sein Besucherzentrum ist, den Kindern: Vormittags zog es ihn zu »a couple of quickies« in die Bar von »Brown's Hotel«, eine von sieben insgesamt vor dem Krieg, nachmittags in seinen *shack*, die kleine blaue Holzgarage hart an »Dylan's Walk«: Der Schuppen hatte seinen Vorbesitzer nur fünf Pfund gekostet, aber fünfundsiebzig Pfund, um ihn auf Stelzen an das Cliff zu stellen, und mit seinem grünen Wolsey hatte Dr. Cowan Anfang des Jahrhunderts noch die Pferde scheu gemacht und die Bewohner an die Wiederkehr des Teufels glauben lassen. Jetzt saß dort Tag für Tag der Dichter am Nachmittag, wenn die Kneipen geschlossen waren, und feilte wie ein Feinmechaniker an seinen Texten. Bis heute ist der Boden mit zerknüllten Papieren gefüllt, der Rückenlehne seines Stuhls am Schreibtisch fehlen ein paar Gräten, der Eisenofen ist pockig vom Rost. Nur der Schuppen selbst ist neu. Vor ein paar Jahren stand dort noch ein älterer.

Frisch gemacht hat sich auch »Brown's Hotel«, jetzt mit Augustus Johns Gemälde vom Genie als jungem Dachs über der Tür, an der die neuen Wirte aufgezeichnet sind: »Neil Morrissey, Matt Roberts, Juliet Wills and M. R. Roberts, licensed to sell intoxicating liquors on and off these premises.« Rauchen tötet, Trinken macht kaputt: Das schreckt auch heute keinen in der Bar. Der Tisch ist noch da, an dem er mit Caitlin, wenn sie die Kinder schlafend wähnten, die Abende versoff. Neu sind der Flachbildschirm darüber und das Klimagerät an der Decke.

Zuletzt der Friedhof in der Oberstadt. St. Martin's Church im Schutze alter Eiben, auf dem neuen Teil, inmitten gesprächiger Steine, ein schlichtes Holzkreuz über einem Rasengrab: Im Chelsea Hotel in New York hatte er sich am 4. November 1953 mit achtzehn Whiskys zum persönlichen Rekord verstiegen. Er starb im Vincent's Hospital fünf Tage später: am Alkohol, an einer Überdosis Morphium, die ihm sein Arzt verabreicht hatte, vielleicht an unentdeckter Diabetes, am Leben jedenfalls. Caitlin musste kämpfen, dass er hier begraben wurde, so wie später sie vom Ätna tot nach Wales getragen wurde, mit ihm vereinigt auf demselben Kreuz.

In Swansea haben wir den 25. November immer wieder auf den Bildschirm laufen sehen: Die Männer in Schwarz-Weiß und in den Anzügen von 1953 alle wie Honoratioren, die Endlosschleife immer mit demselben Bild zum Schluss: Florence, seine Mutter, ganz allein am Grab.

Und wir? Wir treffen noch einmal auf Roald Dahl: »Können Sie es sich wirklich leisten, diese Zeitung nicht zu kaufen?«, fragt tags darauf die *Daily Mail* ganz unverfroren ihre potenziellen Leser. Gerade heute, just in diesem nächsten Exemplar, könne doch ein »Winning Wallet« stecken, ein Gutschein von insgesamt fünf, jeder schwere hunderttausend Pfund an Wert!

Den Trick durchschauten wir womöglich leichter als die anderen. Schließlich waren wir gemeinsam zu ihm unterwegs: Fünf »Golden Tickets«, Eintrittskarten in sein Schokoladenreich, verspricht der sonderbare Mister Willy Wonka seinen Käufern, gut verpackt in Wonkas Schokoladentafeln. Man braucht nur noch die richtige zu kaufen. Das ist der Plot in Roald Dahls berühmtem Buch »Charlie and the Chocolate Factory« von 1964, 2005 mit Johnny Depp im Kino, einer herrlich überdrehten Allmachtsphantasie für Kinder, in der es Kopfkissen aus Zuckerwatte gibt, heißes Eis für kalte Tage, Bleistifte mit Zuckerüberzug und unsichtbare Schokolade, gut im Unterricht zu essen.

In Derbyshire kam Dahl als Kind an »Cadbury's« vorbei und durfte manchmal wirklich neue Schokolade testen. Aber auch schon in Llandaff kam er auf dem Weg zur Kathedralschule an einem Shop vorüber, in dem es Bonbons gab und Schokolade. Jetzt sahen wir den Laden an der High Street, Fachwerk in Schwarz-Weiß, nun »Post Office« mit Schreibwaren. Und doch das Paradies, das Roald Dahl zum Träumen bringen konnte. Und mit ihm, nach ihm, auch Millionen fremder Kinder.

# *Thomas Telfords dichte Rinne*

*Der Aquädukt von Pontcysyllte*

Die langen Boote rumpeln aus dem Dämmerlicht der Brückenunterführung und stoßen unerbittlich in das *winding hole* zu ihresgleichen vor. Links ginge es nach Cefn Mawr, doch sie wollen alle nach rechts. Das hat bei fünfzehn oder zwanzig Metern Länge etwas von Mikado zu Wasser, und nun erweist es sich als praktisch, dass alle vor dem Bug einen aus Tauwerk gehäkelten Fender tragen, während sie die Slapstick-Nummer aus dem Stummfilm wiederholen, wie einer mit der Leiter unterm Arm nur leicht nach rechts und links schaut.

Dann lichtet sich das Durcheinander, und langsam, aber unausweichlich fahren sie geordnet auf die Rinne zu. Jetzt wäre es zu spät, den Ratschlag aus den alten Zeiten in allen Einzelheiten zu befolgen: »Send wife, servants and horse by the lower road and don't look down yourself.« Wer dennoch abwärts blickt, der schaut fortan in neununddreißig Meter Tiefe, im Englischen lakonisch »a sheer drop« genannt. So ungefähr beginnt die Kahnfahrt über das Wunder britischen Kanalbaus, das Aquädukt von Pontcysyllte.

Wo ganz normale Brücken Widerlager haben, hat diese obendrein zwei Gasthäuser: das »Telford Inn« und gegenüber das »Aqueduct Inn«. Im einen könnte man sich Mut antrinken, im anderen sich einen Absacker genehmigen, hinterher, wenn man das Abenteuer dieser Brücke überstanden hat. Denn das Aquädukt von Pontcysyllte zwischen dem walischen Llangollen und dem Shropshire Union Canal ist so ungefähr die größte Herausforderung, die sich einem Hobbykapitän in dem Zweitausend-Meilen-Netz der britischen Kanäle heute stellen kann: In mehr als achtunddreißig Metern Höhe und auf einer Länge von dreihundertsieben Metern überquert es bei Llangollen das Tal des River Dee. Zur Linken hat die Rinne einen Fußweg nebst Geländer, den alten Treidelpfad, zur Rechten nur die Aussicht auf den Abgrund mit dem strudelnden Fluss. Einen Meter sechzig ist die Rinne tief, gerade mal drei Meter sechzig breit, nur wenig mehr als jedes Boot. So spart man Volumen, und dennoch entführt der Kanal an jedem Tag auf diesem Weg mehr als fünfzig Millionen Liter Wasser aus dem nördlichen Wales in das englische Cheshire, hinweg über den Fluss, dem sie entstammen.

Das Aquädukt ist eines der großen Meisterwerke des frühen Industriezeitalters, das größte der Kanalbaukunst. Es war im Jahr 2005 zweihundert Jahre alt und ist doch noch so gut wie unverändert – *still going strong*. Sein genialer Architekt, der Schotte Thomas Telford, Steinmetz von Beruf, hatte sich im Londoner Somerset House und an Gefängnisbauten die ersten Verdienste erworben, ehe er den Brückenbau als sein Metier entdeckte: Rund vierzig Brücken baute er nach 1790 allein im westenglischen Shropshire, zunächst in Stein, seit

1796 auch in Eisen. Für die Krönung seiner Arbeit wählte er die Haltbarkeit des örtlichen Steins sowie die Formbarkeit des Eisens: Auf achtzehn gemauerten Pfeilern läuft eine gusseiserne Rinne und verbindet seit 1805 das walisische Revier von ehedem mit Mittelengland.

Bis London könnte man hier fahren, gleich durch zwei Tunnel und erneut ein Aquädukt, auch das gebaut von Telford. Doch die meisten, die am Startpunkt in Llangollen ihr bunt lackiertes Langboot übernehmen, haben weniger im Sinn: Sie lassen sich womöglich nur zurück zum Anfang ziehen, von einem Kaltblüter an langer Leine auf dem Leinpfad, fünfundvierzig Minuten hin und zurück bis an die Horseshoe Falls, von wo das Wasser für den Kanal abgeleitet wird.

Für Freizeitschiffer waren die Kanäle anfangs nicht gedacht: Telfords Aquädukt markiert mit seinem Baubeginn im Jahre 1795 exakt den Höhepunkt des britischen Kanalbaufiebers, das dem Fortschritt ein System von Wasserstraßen schuf. Doch die Ära der Kanalschifffahrt war kurz: Der Krieg gegen Napoleon drosselte den Weiterbau, und die Eisenbahn grub bald der Konkurrenz das Wasser ab, und als der Reiseautor A. G. Bradley gegen Ende des Jahrhunderts nach Llangollen kam, traf er nur Vergnügungsboote auf dem Aquädukt.

Damals soll es in der Mitte, gerade über dem Fluss, noch einen Griff gegeben haben, mit dem sich eine Klappe öffnen ließ, sodass ein Wasserfall hoch aus dem Aquädukt hinunterstürzte in das Tal. Ansonsten war die Rinne dicht: Noch heute steht für jedermann zu lesen, wie Telford die einzelnen Wannen der Firma Hazeldine aus Shrewsbury hier oben wasserdicht zur Rinne fügte: mit einer Mischung aus walisischem Flanell, aus Blei und kochendem Zucker – so wie er für die Steine Mörtel aus Kalk nahm – dazu das Blut von siebzig Ochsen.

## *Die Fledermäuse kommen*

*Penmaenuchaf Hall*

Die Terrine vom Confit der Ente hatten wir schon hinter uns, köstlich mit pochierter Birne im Duett. Jetzt schlürften wir den Erbsen-Cappuccino aus Espressotassen, als Mark Watson, Inhaber des Hauses, sehr diskret herantrat und sich zum ersten Ohr hinunterbeugte. Es mochte wirken wie die Frage nach dem Einverständnis mit den Weinen, die er uns so nachdrücklich empfohlen hatte. Doch die Weine waren nicht gemeint: Der Angesprochene fuhr noch einmal mit der Serviette an die Lippen, sprang dann auf und warf das weiße Tuch mit Nachdruck auf den Tisch: »The bats are coming!«

Mit der Kleinen Hufeisennase, Rhinolophus hipposideros, verhält es sich wie folgt: Den lieben langen Tag hängt sie kopfunter herum, acht Gramm Gewicht an lang gekrallten Zehen, vier Zentimeter lang, kaum mausegroß, mit weichem, bräunlichen, am Bauch grauweißen Fell, in Höhlen, Heizungsschächten, Dächern, Kellerräumen. Tagsüber hangelt sie sich an den Daumen durch ihr Schattenreich, und wenn sie denken müsste, dächte sie vermutlich über ihre Flughaut nach – und ob sie wohl genügend nachgefettet sei. Doch sie muss zum Glück nicht denken. Wenn es dämmert, packt sie der Instinkt, sie lässt sich fallen, klatscht die Häute in die Luft und schießt davon. Die Kleine Hufeisennase, in Großbritannien vertreten durch die Spezies Rhinolophus hipposideros minutus, gehört zu den kleinsten Fledermäusen Europas. Und längst ist sie vom Aussterben bedroht.

Doch nicht in Penmaenuchaf Hall im Grünen über Afon Mawddach, dem alten Herrensitz am Südrand von Snowdonia. Durch ein kleines Türchen nah der Küche drängen wir ins Freie, lassen Lachs und Lamm auf vorgewärmten Tellern warten, und haben Augen nur noch für das seltene Naturschauspiel, das hier an jedem Sommerabend auf dem Spielplan steht: »Die Fledermäuse kommen!«

Das hatte sich der Gründer nicht gedacht, der Industriemagnat James Leigh Taylor aus Lancashire. Der hatte 1865 so viel Baumwolle versponnen und verkauft, dass er sich im Bergtal über Dolgellau einen Zweitwohnsitz erbauen ließ – auf weiten Ländereien mit den Fischereirechten am Fluss, der Kneipe an der neuen Bahnstation und dem Zollhäuschen der Brücke, für die man heute noch bezahlen muss. Für ihn war Penmaenuchaf Hall ein Sommersitz mit allerfeinsten Aussichten ins Grüne. Die Aussicht auf den Niedergang des Hauses im 20. Jahrhundert war noch nicht dabei.

Auch nicht die Aussicht auf die kleinen Flattermänner. Als Mark Watson und Lorraine Fielding das viktorianische Herrenhaus 1989 kauften und über Jahre zum Luxushotel umbauten, mussten sie schon um die sensiblen Untermieter aus dem Dachstuhl herumbauen. Die Fledermausexperten des Countryside Council for Wales gingen damals ein und aus in Penmaenuchaf Hall, teils mit guten Ratschlägen, teils auch mit beiläufigen Bemerkungen über den »Wildlife and Countryside Act« von 1981, der alle Fledermäuse ihrer Königin unter Naturschutz stellt und die mutwillige Tötung eines Exemplars mit zweitausend Pfund Sterling bedroht.

Seither bieten sie ganz kostenlos im Sommer, eine halbe Stunde nach Beginn der Dämmerung, die auch in Wales noch unübliche Gelegenheit zum *bat watching*: Wie vom Katapult geschossen, schnellen sie zum Dach heraus, stürzen sich ins Freie, mitten zwischen die Betrachter, aufwärts zu den Bäumen, abwärts in den Garten, oft zum Greifen nahe, kreuz und quer und hin und wieder, flüchtig wie ein Schattenspiel. Und erst vor Sonnenaufgang kehren sie zurück.

Mark Watson macht sich das Vergnügen, ihnen in den Weg zu treten, wenn sie lautlos vor das Haus geflogen kommen. Doch im Hakenschlagen sind sie schneller als ein Wimpernschlag. »Gehen die nicht in die Haare?«, fragt die Dame vom Nebentisch. »Ammenmärchen!«, sagen wir alle im Chor. Und Mark fragt leichthin in die Runde, ob denn jemand wohl sein Fenster offen gelassen habe. Man wisse nie. Im Übrigen warte da noch eine schwarze Schokoladentorte an Himbeersorbet.

Es ist ein Spiel mit der Lust an der Angst, das er da mit halbem Herzen treibt. In den Hochglanzmagazinen mag er noch nicht mit den Fledermäusen werben. Da ist die Rede eher von der Traumlandschaft am Fuß des kahlen Riesen Cader Idris, den dreizehn Meilen Angelrecht am Fluss, den alten Goldminen im Tal gleich gegenüber, in denen einst das Erz für alle königlichen Eheringe gewonnen wurde, auch von den Feuern im Kamin und der Küche unter Head Chef Justin Pilkington. Doch wenn der Gast erst da ist, muss man ihm schon möglichst reizvoll beichten, dass sein Hotel das erste in Wales ist, dem der offizielle Titel »Site of Special Scientific Interest« verliehen wurde. Es käme ja doch heraus – so wie die mehr als hundert Fledermäuse jeden Abend eine halbe Stunde nach Beginn der Dämmerung.

# *Die Eisenbahn kam nur bis Pwllheli*

*Am Ende der Welt auf der Halbinsel Llyn*

Stephanie Beacon erwartet uns im Sand vor ihrer Kirche, die Nägel rot lackiert, im leichten Rock mit bunter Bluse, nur der schmale Priesterkragen lässt erraten, dass sie hier das Sagen hat: Stephanie Beacon ist Reverend von Saint Tanwg in Llandanwg sowie einigen anderen Kirchen in Wales. Diese hier, halb in die Dünen eingesenkt, von hartem Gras und Schlehen überragt, liegt ihr vor allen anderen am Herzen, und deshalb sind wir hier. Leicht wäre zu behaupten, räumt sie ein, St. Tanwg sei von allen Kirchen im Lande die älteste. Doch ihr genügt die sichere Gewissheit, dass sie zu den ältesten in Großbritannien gehört. Und zu den kleinsten sowieso, selbst mit der Erweiterung des 14. Jahrhunderts. Das Gotteshäuslein steht am besten Ankerplatz im nördlichen Wales, zumindest nach den Maßstäben der Frühzeit, und warum soll es denn auch nicht Saint Tanwg in Person gegründet haben, einer jener Missionare, die der Heilige Patrick in Irland aufbot, um nach der Auflösung des Römischen Imperiums die alte Heimat Wales zum Christentum zurückzuholen?

Vermutlich ist das Kirchlein auch das älteste mit einer lückenlosen christlichen Geschichte seiner Nutzung, obwohl im 19. Jahrhundert die Fischer ihre Netze auf den Kniebänken getrocknet haben sollen und sich die Alten noch daran erinnern, wie sie als Kinder leichten Fußes auf dem Dach herumgelaufen sind, ganz ungestört und ohne Leitern, einfach von der Düne weiter auf das Dach. Jetzt ist St. Tanwg mit dichten drahtverzurrten Schleeten gegen die Verwehungen geschützt. Ein Foto der fünfziger Jahre zeigt das Innere noch ganz verwahrlost. Ein zweites zeigt den Prince of Wales vor Ort, als er eben Geld gegeben hatte für die Sicherung der Kirche. Das muss schon länger her sein, rätselt Stephanie und lacht: »Da hatte er noch dichte Haare.« Ein Faltblatt weiß Genaueres: 1983.

Zwei Grabsteine mit alten Schriften verweisen auf die alte, mythenreiche Zeit. Einer, sagt sie, stammt mit Sicherheit noch aus dem 5. Jahrhundert. Das ist auf der Insel König Arthurs Ära. Sie kennt das Wunsch- und Wunderdenken ihrer Pappenheimer. Sie führt uns draußen an das Fenster in der Giebelwand im Chor: »I'll show you something!« Und dann zeigt sie uns zwei alte, verwitterte Köpfe, die als Kämpfer einen alten, vermauerten Bogen tragen. Wir staunen: Einer sieht dem Wunschbild König Arthurs zum Verwechseln ähnlich! »King Arthur?«, fragen wir verdutzt. Stephanie lacht laut heraus: »Much greater than Arthur!«, sagt sie: Llewelyn der Große, Llewelyn Fawr, der größte Herrscher des noch freien Wales, ehe die Normannen, zwei Generationen darauf, im Dezember 1282, die Waliser unter seinem Enkel unterwarfen, ihre neue Macht mit neuen Burgen sicherten wie der von Harlech ein paar Meilen weiter, und den Kopf des letzten echten Prince of

Wales im blutigen Triumph durch London führten. Seither ist der Prince of Wales nur noch ein Fürst der Operette, gleich, ob mit fülligem Haar oder ohne.

Wer die Vergangenheit nur durch die Nebel von Avalon sieht, für den mag ein Hinweis auf Arthur, den sagenhaften König Artus, wie ein Ritterschlag erscheinen. Aber wer sich auskennt, der besinnt sich auf die eigene Geschichte: »We don't need to claim for King Arthur!«, sagt Stephanie Beacon so gelassen wie entschlossen. Statt sich auf den stilisierten Sagenkönig zu versteifen, auf den zudem auch die Bretagne und das ganze Südwestengland nachdrücklich Anspruch erheben, besinnt man sich weit lieber auf die unbestritten eigene Vergangenheit. Und wenn auch, anders als bei Arthur, damit keine Hoffnung auf irgendeine legendäre Wiederkehr verbunden ist, so verleiht doch das Bewusstsein eines mehrfach erlittenen Unrechts durch die Vorfahren der Herrschenden von heute beinahe den Adel moralischer Größe.

Das hat sich in der keltischen Geschichte mehrfach wiederholt: Wie die Normannen nach der Invasion auch Wales eroberten und das Walisische verfolgten, so zuvor die Angeln, Sachsen und die Jüten und ihre halblegendären Anführer Hengist und Horsa. Die lakonische Bemerkung des »Anglo-Saxon Chronicle« aus dem Jahre 890, »And the Welsh fled from the English like Fire« hat sich den Walisern als Formel eingebrannt.

Als mit den Tudors 1536 Wales als »Dominion« für immer dem Königreich England einverleibt worden war, so vollständig und restlos *incorpo-*

*rated*, dass selbst im Union Jack nichts mehr an Wales erinnert: Da blieb den Walisern nur noch die eigene Sprache. Es war die Sprache der frühesten Dichter, die Sprache des mittelalterlichen »Mabinogion«, in dem die mündlichen Erzählungen der Barden erstmals aufgezeichnet worden waren.

Doch auch die Sprache wechselt mit den Siegern. Dem Unterlegenen bleibt, nächst dem Rückzug, nur der Untergrund. Als wir, früh in den Siebzigern, Wales zum ersten Mal bereisten, fanden wir auf den zweisprachigen Straßenschildern nach dem Welsh Language Act von 1967 die Namen, die wir hätten lesen können, oft mit weißer Farbe überstrichen und standen vor den Zeichen ratlos wie beim Scrabble der Verlierer mit lauter »LL« »Y« und »CH«. Mochte der kleine Renault, ohnehin weiß wie ein Parlamentär, auch wie die Friedlichkeit in Blech erscheinen: Ein wenig fühlten wir uns doch so deplaziert wie die Brüder vom Warschauer Pakt im Sommer in Prag ein paar Jahre zuvor, denen ähnliches widerfahren war.

Das war in Criccieth, im Norden, auf der Halbinsel Lleyn, »Penrhyn Llŷn«, in einer Woche nur mit Regen, Tag und Nacht. Jetzt schien die Sonne über Lleyn, sechs Wochen lang schon, wie man uns versicherte, die Schilder waren zweisprachig wie eh und je, wir fanden keines davon entstellt und jedermann erpicht darauf, uns das Walisische zu lehren. Auch Peter Hewlett beispielsweise, unser Führer für die nächsten Tage: Er kommt aus England, hat in Nottingham als Managing Director dreißig Jahre lang mit Holz gehandelt. Dann stieg er aus und gründete mit Helen, seiner Frau, sowie sechs Nachbarn 2003 das Nonprofit-Unternehmen »Edge of Wales« – eben der Ecke zuliebe, die seine neue Heimat war. Wo er jetzt lebt, Aberdaron, das galt schon als »the remotest village in all Wales«: »old and grey and picturesque« nach dem Vermerk des wandernden Chronisten A. G. Bradley von 1898. Mochten die Bewohner damals auch noch als die Schildbürger der Halbinsel verspottet werden: Heute preisen sie die Abgelegenheit der »Edge of Wales«, bevorzugt in der Sprache ihrer Väter, in der auch Stiefkind Peter sich bemüht.

Mit einer Handvoll Gleichgesinnter hat er die alten Schmugglerpfade und den Pilgerpfad nach Bardsey Island als Küstenwanderweg erschlossen, den »Edge of Wales«-Walk, Großbritanniens jüngsten *long distance footpath*, siebenundvierzig Meilen auf dem felsigen Rückgrat von Lleyn, neun Zehntel davon über Strände und Klippen, Heide und Moor.

Hier zu wandern, durch die weite Bucht von Aberdaron, auf den Küstenpfaden um die Landspitze mit Mynydd Mawr herum, den »Großen Berg« von doch nur hundertsechzig Metern, auf den Aussichtsklippen über kleinen Hafenbuchten, ist nicht nur zeitgemäßer Zeitvertreib. Es ist die Fortbewegungsart, die dem walisischen Rückzugsgebiet der »Edge of Wales« auch am gemäßesten ist: Die Cambrian Coast Railway kam niemals weiter in das Land als bis Pwllheli, die Marktstadt und heimliche Hauptstadt von Lleyn an der Küste nach Süden, auch wenn es schon um 1830 Pläne gab, Nefyn und Porth Dinllaen am Nordrand anzusteuern. Und auch die gut gebaute Straße, auf der wir jetzt nach Nefyn schaukeln, ist nur ein Denkmal des enttäuschten Fortschrittsglaubens: William Maddock, der 1811 durch einen Damm aus einem Nichts Portmadoc schuf und die Mündung des Glaslyn in Farmland verwandelte, das sich mit Gewinn verkaufen ließ, begrub einen Großteil seines Reichtums beim Bau der Mautstraße nach Nefyn wieder. Dort, hatte er gehofft, würde später der Fährhafen für Irland entstehen. Doch der Hafen kam nach Holyhead auf Anglesea, und die bequeme Turnpike Road führt heute noch ins Nichts. Lleyn wurde das walisische Mecklenburg, wo jeder Fortschritt und jede Unbill der Geschichte später kommt als anderswo. Nicht einmal unseren Gewährsmann Bradley führte es hierher, erst die Erholungssuchenden der Neuzeit. Nefyn heute ist ein beliebter Badeort, obwohl sogar die Kneipenöffnung für den *lazy Sunday* hier nur mit einiger Verspätung ankam.

Als wir am nächsten Tag in Morfa Nefyn von der Düne an den Strand hinuntersteigen, sieht der Himmel aus wie mit gelöster Japantusche auf dickes Pergament gemalt, dunkle Wolken lasten auf den Höhen gegenüber. Der Strand ist grau und flach und leer, das ferne Wasser glänzt wie Blei. Nur schwer gelingt es uns, den weiten Halbmond, den der Strand hier bildet, mit Leben und Betriebsamkeit zu füllen, so wie Peter es erzählt. Doch Porth Dinllaen, unser erstes Ziel am Ende der Bucht, war im 19. Jahrhundert ein belebter Hafen mit ein, zwei großen Segelschiffen pro Tag, und die Bucht von Morfa Nefyn war das Zentrum des walisischen Schiffbaus: Schaluppen, Briggs und Brigantinen wurden hier am Strand auf Kiel gelegt, vor allem Schoner, zuletzt ein Dreimast-Rahschoner, die »Ebenezer Parry« von 1877.

Geblieben sind aus diesen Jahren achtzehn Cottages rund um die Hafenbucht, alle früh im 19. Jahrhundert hier gebaut, ein paar zum Wohnen, hübsch geweißt, mit blauen Fensterrahmen, ein paar alte Lagerhäuser – und die Hafenkneipe, ochsenblutrot, wie es der Name verlangt: Tŷ Coch, das rote Haus, am Strand gelegen. Heute ist es rot lackiert, doch den Namen verdankt es seinen Ziegeln holländischer Herkunft, die als Ballast von Handelsschiffen hinterlassen wurden, wenn sie aus den Steinbrüchen der Küste Basalt nach Holland holten. Als Kneipe ist das Haus ein Paulus, der zum Saulus wurde: Errichtet 1823, bis 1828 Pfarrhaus, dann wurde eine zweite *vicarage* nahe der Kirche gebaut, und der Pfarrer gestattete seiner Haushälterin, das rote Haus als Gasthaus für die Schiffsbauer zu führen. Deren gab es damals vier. Auch das Nachbarhaus war eine Kneipe, und eine weitere lag am Ende der Bucht.

Von einer Mastspitze schreit eine Möwe so irre, wie nur Möwen schreien können. Es hat ein wenig zu regnen begonnen, eben jetzt zur *lunchtime,* aber die Familien am Strand rücken bloß näher zusammen, nur wenige drängen sich ans Haus, wo der Regen vom Schieferdach in dünnen Fäden auf die Teller mit *baked beans* und *jacket potatoes* läuft. Und noch immer werden neue Essen ausgetragen. Das »Tŷ Coch Inn« hält sich auf sein *bar food,* Knoblauchmuscheln, Krabbenbrötchen, einiges zugute, und die Lauch-Kartoffel-Suppe ist berühmt.

Im Nebenbetrieb ist das Haus ein Museum für Strandgut und den gastronomischen Bedarf vergangener Jahrzehnte, an Hunderten von Haken hängen Krüge aus Zinn und Porzellan von der Decke. Hier herrscht seit 1968 Brione Webley, die Wirtin, gut beieinander, gut gelaunt. Damals, als sie mit ihrem späteren Mann hier ankam, war sie zarte sechzehn Jahre alt und Clifford deutlich älter – mehr als ein Tagesgespräch für die Nachbarn, zumal in einer Zeit, als Pubs noch ein Refugium der Männer waren und Sechzehnjährige auch vor der Bar argwöhnisch vom Gesetz beäugt. Als sie einundzwanzig wurde, heirateten sie, und seither führt sie hier das Regiment. Cliff starb im Jahr 2004, nur auf der Homepage ist er auch heute noch der Chef. Stuart, beider Sohn, ist jetzt die rechte Hand der Mutter.

Wer sie erlebt, der mag nicht glauben, dass ausgerechnet hier die Welt zu Ende gehen soll. Von Demi Moore erzählt sie wie von einer kleinen Freundin: Die hat hier jüngst den Horrorfilm »Half Light« gedreht: Die Erfolgsautorin Rachel Carlson zieht sich in ein Hafennest zurück, nachdem ihr kleiner Sohn gestorben ist, um wieder das Schreiben zu lernen. Stattdessen aber nistet sich das Unheil in dem Dörfchen ein. Für eine Zeit lang lag Porth Dinllaen in Schottland, und das »Tŷ Coch« war »Hamish's Fish Bar«. Brione lacht belustigt, als sie das erzählt. Mehr als eine Anekdote ist das nicht für sie. Werbung macht sie lieber weiter mit dem Essen.

Ein Traktor kommt vom Wasser her mit bunten Plastikwannen voller *whelks*, wie sie mit sichtlich schwacher Begeisterung erklärt: Die gehen alle nach Korea. Warum Korea? Hier macht sich niemand was aus Wellhornschnecken, sagt Brione. Dann aber glänzen ihre Augen: »There comes my crabman«, ruft sie aus, als sie das kleine Motorboot weit draußen sieht. Frische Zutaten sind ihr Erfolgsgeheimnis. Und: »We don't do chips!«

Den Fang des Krabbenfischers warten wir nicht ab. Wir wandern weiter, nun entlang der Klippen, am kleinen Pier vorüber und an das *lifeboat* heran. Das glänzt im Inneren der Rettungsbootstation, als hätte man es seine achtzehn Jahre lang nur liebevoll poliert. Aber an den Wänden hängen die Verdienste, akkurat gerahmt. Seit 1864 gibt es hier ein Rettungsboot, dieses, »Hetty Rampton«, benannt nach der Wohltäterin, die den Grundstock für die halbe Million zusammengebracht hat, ist das achte, sagt der Wärter, im Dienst seit 1987, und das neunte steht schon, bildlich gesagt, vor der Tür. Doch vorher muss, ganz unbildlich, das *boathouse* wieder mal erweitert werden.

Auf der Höhe der felsigen Landzunge finden wir ein Fort der Eisenzeit, uneinnehmbar, wie sich denken lässt, falls überhaupt zur Eisenzeit sich irgendwer hierher verirrte, dann einen Golfplatz mit Seehundgarantie am Green. Wir sind längst auf dem Weg zurück ins Land, als wir auf dem Höhenweg, schmal wie ein Messerrücken, links in die Bucht hinunterschauen können, wo noch immer Menschen vor dem roten Gasthaus sitzen.

Wir wohnen in diesen Tagen in Nant Gwrtheyrn (»Bach des großen Königs«), in den Cottages einer ehemaligen Arbeitersiedlung, halbhoch in den kahlen, dunklen Klippen, die einmal Steinbruch waren. Heute ist die Stätte halbamtliches »Welsh Language and Heritage Centre«, in dem Erwachsene, Verwaltungsbeamte zumeist, Walisisch lernen: Die alte Kirche ist, mit einem Glasanbau an ihrer Giebelwand, zum Dokumentationszentrum mit Hightech und Touchscreens geworden. Aber abgesehen davon wirkt die kleine Siedlung so wie ehedem, nur zwei weißlackierte Fahnenmasten, an denen die beiden walisischen Flaggen wehen, die weiß-grüne mit dem roten Drachen und die rot-gelb geviertelte Löwenflagge Llewelyns, weisen auf den neuen Inhalt und den neuen Auftrag hin – auch die Telefonzelle, vermutlich die einzige dieser aussterbenden Spezies, die jemals dunkelgrün gestrichen war. Mit Sicherheit der kleine Hinweis am Eingang in das Farn- und Felsenchaos: »Uneven footpaths!«

Wie ein griechisches Theater liegt die Stätte da in einem Halbkreis von Granit, die Wände künstlich überhöht vom Abraum, die Hänge steiler als in der Natur. Die Bühne ist das Meer mit seinem täglichen Programm des Sonnenuntergangs.

Nachts schlafen wir traumlos und tief, morgens kochen wir Tee in blechernen Kannen und wärmen uns die Finger an den großen Henkelbechern, abends stolpern wir zum Meer hinab mit trockenem Gehölz und machen auf dem grauen Kieselstrand ein Feuer, das man noch in Irland sehen könnte, jedenfalls in Porth Dinllaen, das wir vor dem letzten Glänzen liegen sehen, mehr als sieben Kilometer weg von hier.

Vortigern soll hier gestorben sein, der König der Briten im 5. Jahrhundert. Ein steinerner Sarg und das Skelett eines Hünen in einem Hügelgrab: Mehr war um 1700 nicht vonnöten als dieser eine Fund, um an die alten Traditionen um den großen König, den »superbus tyrannus« des großen Historikers Gildas, anzuknüpfen. Der Berg Yr Eifl, der sich hinter uns erhebt, trägt wirklich Gräber und die Reste einer Siedlung. Und auf den frühesten *Ordnance-Survey*-Karten hieß das Flurstück noch Castell Gwrtheyrn.

Am Morgen leuchtet der Himmel in einem Streifen aus hellem Türkis über den Felsen, darüber türmen sich noch Wolken, die von unten rosenrot beschienen sind. Ein Rudel wilder Ziegen grast im Farnkraut über uns, sichtlich getrennt von den Schafen, deren eines jeden Morgen, so treu wie neugierig mit seinen schwarzen Knopfaugen, vor unserem Cottage erscheint, bis es der Hausmeister mit einem fernen Pfiff erschreckt und wieder zu den Seinen treibt. Ringsum stehen noch die Wände der Maschinenhäuser, das Heidekraut geht an den Rändern über in die Farbe des dunklen Granits, der so makellos erscheint, als kämen gleich die Arbeiter zur Schicht. Doch Schicht war letztmals 1959. Dann gaben die Bewohner die Cottages auf.

Im Zeitalter der Industriellen Revolution hundert Jahre zuvor hatte man sie in das Felsental am Meer gerufen. In den englischen Kohlerevieren wuchsen die Städte, die Straßen verlangten nach

Pflaster, der Fortschritt fraß Granit wie Brot: 1861 begannen Kneeshaw and Lupton aus Liverpool mit dem Granitabbau am Abhang von Yr Eifl, zunächst mit Baracken am Strand für die Männer, die zumeist aus Irland kamen. 1878 baute man die vierundzwanzig Cottages in L-Form, die auch heute noch hier stehen. Die Männer brachten ihre Frauen mit, nach der Volkszählung von 1886 wohnten rund zweihundert Menschen hier, drei Farmer mit ihren Familien und hundertneunzig, die vom Steinebrechen lebten.

Die Häuser standen lange leer nach 1959, dann hausten Hippies hier, die alles Inventar verfeuerten, sofern es brennbar war. »They made a mess of it all!«, sagt Helen, Peters Frau. Da war kein Dach mehr, keine Bodendielen, keine Fenster, kein Wasser, kein Kanal, kein Strom, als ein Trust Nant Gwrtheyrn 1978 erwarb, hundert Jahre nach dem Bau der Siedlung, um hier das Sprachenzentrum einzurichten. 1982 fand der erste Sprachkurs statt. Mehr als fünfundzwanzigtausend Menschen haben hier inzwischen Walisisch gelernt oder ihre Sprache aufgefrischt. Der erste Welsh Language Act von 1967 erkannte das Walisische an; das Folgegesetz von 1993 aber stellte Walisisch dem Englischen gleich, im öffentlichen Leben wie vor Gericht. Wer der Verwaltung auf Walisisch schreibt, auch wenn er, selbstverständlich, Englisch kann, hat Anspruch auf eine walisische Antwort. Das geht wohl mit der Zeit ins Geld, aber es sichert den inneren Frieden.

Auch wer Walisisch eher als Erlebnis denn als Sprache anstrebt, kann die Cottages für Tage oder

Wochen mieten: Caernarfon ist nicht weit, das vielgehasste »englische« Vorzeigestädtchen mit der gewaltigen Normannenburg, in der der jüngste Prince of Wales, der einundzwanzigste und schon längst nicht mehr der Jüngste, 1969 offiziell mit diesem Titel ausgestattet wurde. Angeblich hatte ihn ein subversives Protokoll so stationiert, dass er stundenlang auf eine Klotür blicken musste. Man zeigt bis heute noch das Fenster, von dem die Königin zu ihrem Volk gesprochen hat – und grimmige Waliser erzählen heute noch, dass sie seither die Marken ihrer Post, der weltweit einzigen, auf der kein Ländername steht, mit dem Kopf der Queen nach unten kleben.

In einer Stunde ist man mitten in Snowdonia, einem anderen Rückzugsgebiet des Walisischen. Doch um das zu sehen und zu hören, bleibt man besser hier: Nach dem walisischen Zensus von 2001 sprechen einundzwanzig Prozent der 2.903.085 Waliser Walisisch – gegenüber achtzehn Komma sieben Prozent im Jahre 1911. Im Süden und nach England hin, in Monmouthshire, ist es nicht einmal jeder zehnte, doch in Gwynned, im Nordwesten, sind es an die siebzig Prozent – und in Lleyn noch einmal deutlich mehr.

Und mit der Sprache überdauern die walisischen Geschichten wie die von Branwen, dem ein Bildhauer mit dem doppelt walisischen Namen Robert Jones ein beklemmendes Denkmal vor die Mauern von Harlech gestellt hat: Branwen, die Schwester des Königs, stach eben hier in See, um sich mit dem König der Iren zu vermählen. Jetzt zeigt die Plastik einen fußlosen Reiter, der ein totes Kind nach Hause führt, den König mit dem toten Neffen, Boy King Gwern, der schuldlos Auslöser und erstes Opfer des größten aller Kriege zwischen Wales und Irland geworden war: »The sorrowfull burden that love can be«, erklärt das Monument im Sockel, nicht aber, ob die Fußlosigkeit zu Pferd der Kunst oder den Iren zu verdanken ist.

Noch fern am Rand des Snowdon erzählt uns Thomas Thomas, Wanderführer, sechsundsechzig Jahre alt, aufgewachsen in den USA, doch dem Bekenntnis nach Waliser, was Treue einst in Wales bedeutete: Hier war es, in Nant Gwrtheyrn, dass ein junges Paar die Hochzeit feierte. Man tanzte, spielte Nachlaufen, Verstecken, man entführte auch die Braut – bis sie mit einemmal verschwunden war und auch verschwunden blieb. Sie suchten alles ab, sie kletterten hinab ans Meer, sie riefen stundenlang, noch Tage später. Man sah sie niemals wieder. Nur der Bräutigam noch einmal, Junggeselle bis zuletzt. Er kam als alter Mann noch einmal her und fand – nicht seine Braut in Kupfervitriol wie aus dem Bergwerk von Falun, sondern in der Höhlung eines Baumes, den der Blitz gespalten hatte, ein weibliches Skelett. Wie andere, zuvor, zugleich, die bleichen Knochen Vortigerns, des Königs aller Briten.

# *Zwanzigtausend Heilige und eine Insel*

*Bardsey Island*

Wir kommen, wie die Pilger kamen: zu Fuß, durch Farnkraut und Granit, dem höchsten Berg der Halbinsel entgegen, zuletzt hinab ans Meer, wo sich der Berg als Insel zu erkennen gibt, die wie ein riesenhafter Wal im Wasser liegt: Für uns ein Ausflugsziel für einen Tag, für die Pilger einst das Ende ihrer Fahrt, für ungezählte Tausende das Grab, das Tor zum Himmel, die Pforte in ihr Paradies. Den Namen »Island of the twentythousend Saints« hat sich Bardsey Island wohlverdient.

Es waren die Normannen, die die Insel ehrfurchtsvoll die »Barden-Insel« nannten. Die Kelten, die Waliser, wussten es auch diesmal besser: Bei ihnen heißt die Insel heute noch wie ehedem »Ynys Enlli«, Treffpunkt der Gezeiten. Die Pilger, jedenfalls die Überlebenden, konnten ein Lied davon singen: Hier unten haben sie gesessen so wie wir, die Klippen links und rechts zwei Meter hoch mit Seepocken besetzt als Zeichen, dass jetzt Ebbe war. Hier haben sie gewartet auf den rechten Augenblick, da die Gezeiten günstig waren, die Strudel und die Strömungen erträglich, dass sie die Überfahrt zur Insel wagen konnten, zwei Meilen nur, und doch auch immer mal für Tage oder Wochen abgeschnitten. Dann hieß es: warten, hoffen, beten. Eine Bodenwelle oberhalb im Gras verrät uns heute noch die Kirche in den Klippen, die sie dazu bauten. Mit frischem Wasser war das Warten zu ertragen, wenn man das Ziel vor Augen sah, und frisches Wasser sprudelt heute noch aus dem Granit, Saint Mary's Well, köstlich, gut gekühlt, und selbst bei Flut noch, wenn die Seepocken verschwunden sind, quellfrisch herauszuschmecken aus der See.

Wir füllen die Getränkeflaschen auf und brechen auf, um in Porth Meudwy unser Boot zu nehmen. Das Meer liegt als Glanz vor der Sonne, funkelnd wie der Schild des Achill, als wir die Schwimmwesten verknoten, im Schlauchboot übersetzen auf Colin Evans' kleines Fischerboot, das sich mit Honda-Zwillingen am Heck schier unbeirrbar durch die Wellen fräst, und klatschend in der Gischt hinüberschießen, an der Felsküste vorüber, auf den Leuchtturm zu und in die Landebucht von Cafn Enlli. Ein Traktor, dessen Motorhaube schon halb weggefressen ist vom Rost, zieht uns an den flachen Strand. Leichten Mutes springen wir an Land, nur im Grundsatz noch der Warnung eingedenk, die jeder gerne ignoriert: »No one should venture who is not prepared to face the possibility of being kept there for a week.« So schrieb es 1898 A. G. Bradley in seinen »Highways and Byways in North Wales«, so ähnlich steht es in den Mietverträgen für die Cottages, und so ähnlich hat es einer auf dem Boot gesagt: Rückfahrt pünktlich vierzehn Uhr – »if the tide is right, if the weather is right, if the sea is right and if the boatsman feels like it«.

Pilger kamen immer schon nach Bardsey Island. Die heidnischen Kelten suchten ihr Heil nicht im

Himmel, sondern an den Öffnungen der Erde, in Quellen, Höhlen, Sümpfen, Mooren und Vulkanen. Die Richtung ihres Strebens lasen sie der Sonne ab, und so kamen sie vom Festland mit den vielen Felsenquellen schließlich folgerichtig auf die Insel, auf der es sieben Quellen gibt. Man reiste damals ohnehin zu Wasser, noch lange war das feste Land vor allem feindselig und unwegsam.

Im 5. Jahrhundert kamen zwei Bretonen, Cadfan und Hywyn. Der eine, Hywyn, gründete die erste, letzte Kirche auf dem Festland, Cadfan tat es ihm auf Bardsey Island gleich. Die Heiden hatten anderes zu tun, als Märtyrer zu schaffen. Sie ließen sich bekehren, und mit den Jahren wurden beide Gründungen zu Wallfahrtsorten, die Verehrungsstätte für Maria auf der Insel zum Augustinerkloster. Die Quellen hatte man gleich mitgetauft, sie hießen jetzt nach Heiligen, von denen die amtliche Hagiografie in Rom kaum einen kennt.

Viele von ihnen kamen zum Sterben nach Bardsey: St. Dyfrig, St. Lleuddad, St. David, St. Deiniol, St. Berme, St. Cawrdaf. Ynys Enlli, der Treffpunkt der Gezeiten, wurde zum Hafen der toten Seelen und zum Sehnsuchtsort der Gläubigen. Um 1140 feierte Meilyr Brydydd, der Hofpoet von Gruffudd ap Cynan, Prince of Gwynedd, Bardsey Island als »Fair Mary's isle, pure island of the pure«. Giraldus Cambrensis, ein gelehrter Reisender des Mittelalters, schrieb 1188 über jene wundersame Insel: »This island, either from the healthiness of its climate, or rather from some miracle and the merits of the Saints, has this wonderful peculiarity that the oldest people die first, because diseases are uncommon, and scarcely any die except from extreme old age.« Im 13. Jahrhundert baute man die letzte (und größte) Abtei: Drei Wallfahrten nach Bardsey wogen damals eine nach Rom auf.

Aus jenen Jahren stammt der Name »Island of the twentythousand Saints«. Wobei »Saints« nach keltischem Verständnis nicht einfach »Heilige« heißt, sondern »gläubige Seelen«. Die Zahl mag aus der Luft gegriffen sein: Sie bezeichnet eine Größenordnung, die man glauben muss. In allen Häfen an der Küste rings umher warteten die Pilger auf die Überfahrt, sagt Reverend Evelyn Davies, die Pfarrerin von Aberdaron gegenüber auf dem Festland, und in allen Kirchen lagen Tote, vorbereitet für die letzte Fahrt nach Bardsey, vielleicht mit einem Silberpenny auf der Zunge wie jener unbekannte Tote, den man bei Grabungen im Jahre 1995 auf der Insel fand. Aber sie ist sicher: Mehr als jene zwanzigtausend Glücklichen, die auf die Insel kamen, haben ihre Reise nicht vollendet und liegen auf dem Grund des Bardsey Sunds.

Als Heinrich VIII. die Klöster auflöste, kam auch die Augustinerabtei auf Bardsey Island unter den Hammer, geschätzt auf sechsundvierzig Pfund, einen Shilling, vier Pence und einen halben. Heute erinnert nur noch eine kleine Turmruine an die alte Größe und Bedeutung. Seit 1979 gehört die Insel durch Kauf dem »Bardsey Island Trust«: Die Insel der 20.000 Heiligen ist angekommen in einer säkularisierten Welt, die ihre Vergangenheit als Erbe ansieht, das es zu bewahren gilt, selbst wenn es sie nicht mehr ernähren kann. Der Letzte, der das noch einmal von Grund auf mit System versucht hatte, war der Besitzer der Insel unter Queen Victoria, Lord Newborough. Er prägte ihr Gesicht bis heute, ließ um 1870 jene Handvoll Häuser bauen, die man heute hier noch sieht, kleine Farmbauten mit hohen Mauern im Quadrat, die Wetter fernzuhalten, dazu die schmucklose Kapelle oberhalb für das Gebet. Er hatte den Bewohnern angeboten, statt der Kapelle einen neuen Hafen anzulegen. Sie wünschten sich das Gotteshaus. Jetzt endlich war das Schulhaus aus dem späten 18. Jahrhundert wieder nichts als Schule – bis 1953, als der letzte Lehrer die Insel verließ.

Ein späterer Lord Newborough verkaufte 1972 die Insel an Lord Cowdrey, der ihre Landwirtschaft durch Zusammenlegung profitabel machen wollte, und 1979, ausgerechnet in dem Jahr des ersten Siegs für Margaret Thatcher, entstand der Trust, der seither mit Mitgliedsbeiträgen und Spendengeldern für Bardsey die Möglichkeit einer Insel erprobt. Eine Möglichkeit von hundertachtzig Hektar, verteilt auf eins Komma fünf Meilen Länge und eine halbe an der breitesten Stelle.

Schwer zu sagen, wer von Bardsey Island heute lebt; ähnlich schwer auch zu erfahren, wer denn auf der Insel lebt: Colin Evans, unser Bootsmann, dreißig Jahre alt, hat gerade auf dem Festland eine aufgegebene Kapelle als Winterresidenz gekauft. Er ist auf Brautschau; für die Insel jemanden zu finden, wäre ungleich schwieriger, er selbst fischt auch nur im Sommer von der Insel aus. Dauerhaft auf Bardsey leben drei Familien: der Trust Estate Worker mitsamt den Seinen, eine Art Hausmeister und Verwalter in einem; der Bird Warden, Steve

Stansfeld mit Frau und Baby, der die Vögel überwacht und die Überlebenden versorgt, die in den Scheinwerfer des Leuchtturms geklatscht sind; nicht zuletzt die Farmersleute, Dave und Libby Farnden, mit zwei Teenager-Töchtern. Dazu noch ein, zwei Hilfskräfte und gelegentliche Besucher, Heimkehrer auf Zeit wie Lois Thomas, die uns heute führt, hier geboren, hier getauft an einer der sieben heiligen Quellen, jetzt in Criccieth zu Hause, nah auf dem Festland, wo sie für ihr A-Level büffelt, süße sechzehn Jahre alt, doch so abgeklärt, unaufgeregt wie eine Hausfrau mit zwei Kindern. »Mir geht hier nichts ab«, sagt sie, »wenn ich zu Besuch bin. Ich habe Leute, mit denen ich reden kann, ich kann morgens schwimmen gehen, was brauche ich mehr?« Kein Zweifel: Sie ist stolz auf ihre Insel.

Als wir zur Bucht hinüber wollen, wo die Seehunde mit munterem Geheul in Rudeln planschen und beim Fischfang sind, winkt sie ab: heute Nachmittag sei Ebbe, dann sähen wir sie besser. Sie führt uns an den Kalkofen, der 1870 seine größte Zeit erlebte. Aus dem Süden und von Devon kam der Kalk und wurde hier gebrannt, für den Hausbau und die Felder. Nur einen Steinwurf weiter dann die letzte Farm: David Farnden sitzt mit seiner Tochter Vicky vor dem Haus, und beide pulen Erbsen, einen großen Korb voll. Die meiste Zeit des Jahres gibt es nur Karotten, Kartoffeln und Steckrüben, jetzt hat er Hunger auf das frische Grün der Erbsen. Er ist im Mai 2001 gekommen, vorher hatten sie eine Farm in Sussex, am Hang von Devil's Dyke vor Brightons Haustür.

Dann schlugen die Farndens an die tausend Mitbewerber aus dem Feld. Jetzt sind sie für die nächsten fünfundzwanzig Jahre Herr und Herrin über, derzeit, fünfhundertfünfundzwanzig Mutterschafe und ihre Jungen, dazu fünfunddreißig Stück Rindvieh. David kennt das Leben nah der Stadt und in der Einsamkeit, er kann uns gewiss die Möglichkeiten der Insel schildern. Zuerst die schlechte Nachricht: Hier ist alles teurer, alles, was ankommt, und alles, was geht. Wir haben in der Hafenbucht den großen, flachen Kahn gesehen für den Transport der Schafe. Das geht natürlich nur bei allerfeinstem Damen-Badewetter. Und dann die gute Kehrseite: Man kann kein Geld ausgeben. Alles, was man will, muss man tun, und was man haben will, muss man hier selbst machen. Zum Beispiel: Kuchen.

Victoria fällt ihm lachend, verlegen ins Wort: »Daddy, no! Don't tell about the oven!« Aber er erzählt: Von ihrem ersten Kuchen, der nicht aufging, und vom zweiten, der als süßer Brei aus allen Öffnungen des Ofens quoll. Sie haben einen Fernseher, aber Strom nur aus dem Generator. Doch man hört nichts außer Wind und Möwen. »Wir brauchen keinen Strom«, sagt Lois. Sie brauchen ihn, wenn überhaupt, am Abend: für das Licht und für die Daily Soap. Vom Generator des Leuchtturms ist hier nichts zu hören.

Wir sehen schwarze Schlauchleitungen am Boden, als wir durch Heide, Stechginster und Farn am Hang von Mynydd Enlli aufwärts steigen, dem Felsenbuckel, der sich hundertsiebenundsechzig Meter hoch aus dem Atlantik hebt. Es sind die Wasserleitungen, die Wasser von den beiden stärksten Quellen in die Häuser bringen. Es dient dort, abgekocht, als Trinkwasser. Für die Dusche und die Waschmaschine fängt man Regenwasser auf, kein Problem am Westrand von Europa. Und für die Toilette? Gras, sagt Lois, so unbefangen, dass wir für die Dauer eines Wimpernschlags die Übersicht verlieren: »Grass instead of paper or instead of water?« Die Antwort ist beruhigend: Instead of water. Freilich setzt das stets den Gang in den Garten voraus. Auch das steht in den Mietkontrakten für die sieben Cottages, in denen man hier wochenweise die Möglichkeiten eines Insulaners ausprobieren kann. Eins unter ihnen, Tŷ Encil Carreg, das große Doppelhaus aus flechtengelben Steinen, das wir am Ende einer großen Schafweide erkennen, ist, seit 2002, ein Pilgerheim mit sieben Betten, Oratorium, Meditationsgarten und Eremitage. Dort gibt es eine chemische Toilette, aber dafür keinen Strom. Der Gläubige auf Bardsey soll zumindest seinen eingefleischten Glauben an die Kraft der Steckdosen verlieren, heißt es im ungedruckten Kleingedruckten im Kontrakt: »So leave behind anything that needs an electric socket.« Und noch einmal, mit Nachdruck: »You might not be able to leave the island when planned.« Aber das kennen wir schon.

Der Weg hinauf dreht sich ein wenig um den Berg herum, bis wir am Ende auf das Festland schauen mit dem Klippeneinschnitt bei St. Mary's Well, hell besetzt von Seepocken. Wir haben Ebbe. Der Weg zurück zum Hafen inszeniert dann noch einmal die Insel, den ausgefransten Klippenrand nach Westen hin, die Handvoll Häuser nah dem Kreuz und der alten Abtei, fern den malerischen Leuchturm von 1821 auf Pen Diban an der Südspitze der Insel, mit neunundneunzig Fuß der größte viereckige Leuchtturm im vereinigten Königreich, seit 1987 automatisch. Manche Häuser aus den alten Zeiten sind verfallen. Noch zu Beginn des 20. Jahrhunderts lebten um die hundert Menschen hier. Sie versüßten sich die tägliche Plackerei auf der Insel mit allerhand selbst genehmigten Skurrilitäten. So erklärte Bardsey Island sich im Ersten Weltkrieg für neutral, man gönnte sich einen eigenen König mit einer Krone von Zinn, und als Love Pritchard, der letzte eigentliche King of Enlli einmal in offizieller Mission das Festland bereiste, wurde er vom britischen Premier Lloyd George, der selbst ganz in der Nähe, in Llanystumdwy, aufgewachsen war, als »King from Overseas« begrüßt. 1925 dann zog Pritchard auf das feste Land, um weniger entbehrungsreich zu leben, und nahm die meisten Insulaner mit. Sie hatten die Unmöglichkeit der Insel schmerzlich am eigenen Leibe erfahren, sie hatten sie satt.

So kommen wir am Ende an die Bucht von Henllwyn, wo die Seehunde und Kegelrobben Lois' Wort gehalten haben: Sie liegen träge auf den runden Steinen oder auf dem Sand im flachen Wasser, sattgefressen, selbstvergessen vor Behaglichkeit, oft wie erstarrt in aberwitziger Bewegung, unzählbar, aber doch gezählt, wie Lois weiß: Hundertfünfzig bis zweihundert gehören fest zu der Insel. Neben allem ist Bardsey Island auch »National Nature Reserve« und »Site of Special Scientific Interest«. Hier kommen Tümmler und Delfine zu Besuch, im Herbst und Frühjahr Zugvögel; hier nisten Eulen und Lummen sowie, wenn auch bis jetzt nur noch als zarte Hoffnung, Papageientaucher. Dafür gibt es keine Ratten, keine Füchse, keine Dachse und keine Kaninchen – eine weitere jener wunderbaren Besonderheiten, von denen Giraldus Cambrensis schrieb.

Die jüngste handelt von der wundersamen Entdeckung des Bardsey Apple, des seltensten Apfels der Welt: Im September 2000 kam ein *bird watcher*, der die Vögel mit Apfelschnitzen köderte, ins Gespräch mit einem anderen Besucher, der Apfelkenner war. Diesen Apfel kannte er nicht, der da unscheinbar an einem knorrigen Baum an der südlichen Giebelwand eines der Häuser gedieh. Auch eine höherrangige Expertin im englischen Obstgarten Kent, die von allen tausend und mehr Spezies Großbritanniens gekostet hatte, bestätigte die Seltenheit des Apfels. Vermutlich hat er sich aus einem mittelalterlichen Klostergarten klammheimlich, und zunächst allein, in die Gegenwart gerettet. Inzwischen hat man durch Veredelung zahlreiche Bäumchen gewonnen. Noch heftiger als bei den Obstliebhabern fiel die Genugtuung der Mythenforscher aus, zumindest der walisischen: Sie hatten Bardsey Island immer schon für Avalon gehalten, die magische Insel im Nebel, auf die sich König Artus nach seiner tödlichen Verwundung zurückzog, um auf seine Wiederkehr zu warten. Auf Walisisch heißt sie »Ynys yr Afallon«, Apfelinsel. Die Lage hatte immer schon auf Bardsey tippen lassen. Dann hatten Heimatkundler in Llangollen ihre Überzeugung beigesteuert, dass in der Abtei von Vallis Crucis insgeheim der Gral verborgen sei. Und jetzt fiel ihnen allen das »Missing Link« verdientermaßen in den Schoß, und ausgerechnet vom Baum der Erkenntnis!

Als wir den Hafen, Cafn Enlli, fristgerecht erreichen, damit die Rückkehr wenigstens an uns nicht scheitert, hat Colin Evans schon das Boot bereit. Der Sund liegt immer noch so ruhig und so flach da wie ein Kuchenblech, dass wir uns in den klobigen Schwimmwesten vorkommen könnten wie Kreuzfahrtpassagiere während des üblichen Probealarms. Nur dass Colin keinen Bordfotografen beschäftigt. Doch wir kennen die Geschichte, die uns Dave, der Farmer, vorenthalten hat, als wir ihn nach seinem Leben auf der Insel fragten. Wir wissen nicht, warum. Doch vielleicht ist sie ihm einmal zu oft von den Abendnachrichten der *BBC* als Human-Quatsch-Geschichte ausgebeutet worden: Am letzten Tag in ihrem ersten Jahr auf Bardsey ging Libby, seine Frau, noch einmal mit ihren Kindern vor die Tür, um Lebensmittel einzukaufen. In diesem Fall hieß »vor die Tür« Pwllheli, auf dem Festland. Dann kam ein Sturm und dann das neue Jahr, und David wartete auf die Familie sieben Wochen. Das Meer ließ keine Überfahrten zu. Auch das *lifeboat* von Pwllheli scheiterte am 5. Februar und drehte bei. Und so bescherten ihnen die Gezeiten ein Wiedersehen ausgerechnet am 14. Februar, Valentine's Day.

Das Datum gab den Medien ihr Stichwort. Doch der Vorfall selber ist auf Bardsey Island nur ein Schulterzucken wert.

## *Das Haus am Snowdon*

*Pen-y-Gwryd*

Das Haus hat seinen Namen nach dem »Haupt« des Flusses Gwryd, der hier als Bächlein seine erste Biegung macht: Pen-y-Gwryd. Weit weniger romantisch ist die Lage hart an der Biegung der Straße. Es ist in wetterfesten Putz verpackt und eingehüllt in einen dicken, grünen Mantel aus einer Art von wildem Wein. Nichts deutet darauf hin, dass in diesem felsengrauen Kasten eine Sternstunde der Menschheit festgehalten ist. Der Bus, der vor der Tür hält und zur »Sherpa-Line« gehört, bleibt allein als Hinweis zu diffus. Erst wenn man eintritt, sieht man, dass der Name »Sherpa Line« nicht einfach aus der Luft gegriffen ist: Das Gasthaus »Pen-y-Gwryd« im walisischen Snowdonia war und ist das eigentliche Basislager der Erstbesteigung des Mount Everest, Station zum Dach der Welt.

Bereits der Name dieses Berges kommt aus Wales. Der höchste Berg der Erde hieß zunächst »Peak XV«, bis man ihn 1865 nach Sir George Everest benannte, dem Pionier der Vermessung des indischen Subkontinents. Und Everest war wiederum gebürtig aus Crickhowell in den südwalisischen »Valleys«. Während aber Everest den Berg mit seinem Namen höchstwahrscheinlich nie gesehen hat, stiegen im Januar 1953 acht Männer um den Himalaya-Kenner John Hunt in dem schon damals alten Gasthof ab, um fortan am benachbarten Snowdon zu trainieren für das Dach der Welt. Immer wieder übten sie den Aufstieg durch die vierhundertachtzig Meter hohe Ostwand des Gipfels, bei Eis und Dunkelheit, mit Steigeisen und Sauerstoffgeräten, die sie hier nicht brauchten, bis sie, dreizehn britische Bergsteiger, im März, mit dreizehn Tonnen Ausrüstung und dreihundertfünfzig Trägern, den eigentlichen Gipfelsturm versuchten.

Am 29. Mai, kurz vor Mittag, erreichten sie den Gipfel: Edmund Hillary, ein Imker aus Neuseeland, und der Sherpa Tenzing Norgay, pünktlich zur Krönung der britischen Königin drei Tage später. Dann kehrten sie zurück und verewigten im Pen-y-Gwryd den Augenblick. Im ersten Schankraum hängt, groß und in Schwarz-Weiß, das Bild des ersten Tees nach ihrem Abstieg zu den anderen. Bei der Vereinigung im alten Basislager in der Heimat haben sie, so sagt die Fama, keinen Tee getrunken. Sie feierten so lange, bis sie sich im Schankraum gegenüber alle miteinander mit ihren Unterschriften an der niedrigen Decke verewigten. So sehen wir auch heute noch den Raum, dessen Decke nun mit Glas gesichert ist. Wir entziffern den Namen John Hunt, auch den des Arztes Charles Evans, der eigentlich als Erster auf dem Gipfel stehen sollte und nur den Südgipfel erreichte. Und schließlich »Hillary«, nach dem der Raum nun benannt ist.

Schon einmal zuvor hatte das Haus von sich reden gemacht. Charles Kingsley hatte es 1857 in seinem Roman »Two Years Ago« beschrieben: »Ein niedriger Raum mit dunklen Deckenbalken, von denen Schinken und Angelgerätschaften hingen, Gurte und trocknende Strümpfe, und all das Sammelsurium einer Fischerkneipe, die ein Farmer betreibt. Und unter allem die übliche glückliche, herzliche, ehrenwerte Gesellschaft.« Nur wenig daran hat sich seither geändert – außer der Bestimmung, die vom Wasser zu den Bergen wechselte. Um 1840 war das ursprüngliche Farmhaus schon nebenbei als Gastwirtschaft betrieben worden. 1847 kaufte es ein Harry Owen, ebenfalls ein Farmer, und führte es mit seiner Frau für die nächsten vierundvierzig Jahre als Herberge. Schon 1859 mussten und konnten sie das Haus weithin erneuern und erweitern, bis ihm ein neueres Hotel am Pen-y-Pass, dem Ausgangspunkt gleich zweier Wege auf den Snowdon, den Rang ablief.

Das Haus am Pen-y-Pass hat nur als Jugendherberge überlebt. Das Pen-y-Grwd ist wieder konkurrenzlos als Bergsteigerhotel. Als Jo und Chris Brigg es 1947 übernahmen, war es völlig heruntergekommen. Mit den eigenen Händen brachte Chris es noch einmal auf Vordermann, und so führen es heute noch seine Tochter Jane und Brian Pullee, ihr Mann. »We are a kind of budget hotel«, sagt Anna, der gute Geist im Haus, hochgewachsen und Herrin in Bar wie in Küche. Noch längst nicht jedes Zimmer hat sein eigenes Bad, den *early morning tea* bringt eine gute Fee ans Bett, zum Abendessen ruft der Gong, auch wenn man heute nicht mehr an der Table d'hôte zu sitzen hat, und das viktorianische Badezimmer, das sie uns zeigt, steht da wie sein eigenes Museum.

Im Mittelpunkt des Hauses, hinter der Bar, bewahrt eine Vitrine wie ein Tabernakel die Mitbringsel der Gruppe auf, Dokumente, Ausrüstungsstücke, Persönliches, darunter einen echten Schrumpfkopf mit dauerhaft vernähtem Grinsen. Den hat George Brand beigesteuert, einer aus dem Team. Mit dem Himalaya hat der Kopf nichts zu tun, er stammt aus Südamerika, wie es sich gehört. Früher, sagt Anna, lag der hier nur so herum. Aber die Leute haben ihn immer wieder getätschelt und einmal zu oft, und deshalb grinst er jetzt in der Vitrine.

## *Kein Wort mehr vom Kilimandscharo*

*Auf den Snowdon und den Cader Idris*

Der Kilimandscharo kann warten. Während wir schon eine Stunde lang vom Pen-y-Pass im Felsenchaos aufwärts steigen, über mustergültig angelegte Tritte, schwere Kiesel, Schieferplatten, die wie Messer aus dem Boden ragen, stumpf gewordenem Granit, schreitet Nick mit leichten Füßen federnd neben uns. Und während wir die kleinste Richtungsänderung am Hang zum Vorwand nehmen, uns zu strecken, aufzurichten, durchzuatmen, erzählt er vom Kilimandscharo, dem öden »Coca-Cola-Weg« und jenem anderen, über den er seine Gruppen bisher immer vollzählig hinaufgebracht hat, erzählt von den Gesängen der Träger und von der Schönheit Afrikas.

Die Höhe setzt er als zumindest ungefähr bekannt voraus: 5895 Meter. Wir sind unterwegs auf 1085 Meter Gipfelhöhe, unterwegs zum höchsten Berg in Wales, und fragen uns, warum, womöglich auch: wozu uns Nick wohl dies alles erzählt. Will er uns die Zeit verkürzen? Will er uns auf andere Gedanken bringen als die böse Frage, wozu wir uns das antun, was wir tun, warum wir freiwillig in diesem Hamsterrad aus rutschendem Geröll und nervenzehrenden Balanceakten einem Ziel entgegensteigen, das wir leicht auch mit der Bahn erreichen könnten? Oder will er einfach Werbung machen? Wir wissen es nicht. Wir wissen nur: Nick Ward ist Bergführer, nicht einfach Bergsteiger, die Motivation ist ein Teil des Geschäfts. Und in dieser Disziplin ist Nick so listenreich wie nur Odysseus. Sein bester Satz, zwei Tage später: »You've got the worst behind you«, wird uns, so schlicht wie treffend, immer im Gedächtnis bleiben. Anders hätten wir den Cader Idris nicht geschafft, 893 Meter hoch und auf dem Minffordd Path weit härter als der Snowdon. Auch wenn die Formel jede halbe Stunde neu zu formulieren war, geflunkert war sie nicht. Und deshalb: »Forget about Kilimanjaro!«

Der Gipfel, den man heute Snowdon nennt, ist der höchste Berg von Wales und der höchste Gipfel südlich der schottischen Highlands. Er ist bei weitem nicht, wie oft zu hören ist, der zweithöchste Gipfel der Insel. Zwanzig der zweihundertvierundachtzig Munros in Schottland, jener offiziell verzeichneten Gipfel über dreitausend Fuß, sind höher als er, viele reichen leicht an ihn heran. Nicht jedoch an seinen Ruhm: Yr Wyddfa, so der Name im Walisischen, heißt soviel wie Denkmal, Grabmal, Hügel oder Tumulus, denn der Gipfel ist das Grab des Riesen Rhudda oder Rhita Gawr, der hier gelebt hat, eingehüllt in einen Mantel aus den Barthaaren von Königen, die er getötet hatte. Kein Geringerer als König Artus soll ihn hier erschlagen und begraben haben. Doch die elementare Gewalt dieses Ogers ist dem Gebirge geblieben. Die Angelsachsen nannten es zivilisiert und lakonisch »Snaudune«, Schneehügel, und mit den Jahren ging der Name des Gebirges auf den höchsten

Gipfel über. Dreihundertfünfzigtausend Besucher erweisen dem Snowdon Jahr für Jahr die Reverenz, zu Fuß oder auch mit der Bahn. Mit ihnen allen mag man sich die Frage teilen, aus welchem Grund, zu welchem Zweck man unterwegs ist. Am Ende bleibt nur: Weil der Snowdon da ist. Und weil es möglich ist.

Nichts wäre falscher, als den Berg allein nach seiner Höhe zu bemessen. Die Ausgangshöhe der sechs »klassischen« Gipfelrouten muss mitveranschlagt werden: sechzig Meter für den Watkin Path, dreihundertsechsundfünfzig für den Pyg-Track, dem wir folgen: der lohnendste nach einschlägigem Urteil, zugleich der härteste, der noch als Wanderweg bezeichnet werden kann. Bereits beim Start marschiert man oberhalb der Baumgrenze, wenn auch nur der Schafe wegen, die hier keinem Schößling eine Chance lassen. Dazu das Wetter: Mehr als fünf Meter Niederschlag pro Jahr, Temperaturspannen von dreißig Grad Celsius im Sommer bis minus zwanzig im Winter; bei einer Windgeschwindigkeit von hundertfünfzig Meilen pro Stunde werden daraus leicht sibirische Gefühle.

George Littleton, Lord, Politiker und Dichter, befand noch um die Mitte seines 18. Jahrhunderts, viele der »schwarzen und nackten Felsen, die einer über den anderen gehäuft sind«, seien nicht zu besteigen. Natürlich gibt es für den Snowdon keinen Nachweis einer offiziellen Erstbesteigung. Den ersten Aufstieg seit King Arthur hat der Botaniker Thomas Johnson 1639 protokolliert, und seit Thomas Pennants zweitem Band der »Tour in Wales« von 1781 kamen die »Touristen«.

An diesem Tag ist auch der Zeitgeist unterwegs, verschwistert mit dem Nationalcharakter in der britischsten Erscheinungsform des Spleens: Schon länger werden wir von Läufern überholt, die anfangs noch gazellengleich in kurzen Hosen die nackten Felsen aufwärts fliegen, später sind es Wanderer, auch sie mit Startnummern versehen, auch sie vom Marsch gezeichnet, so wie wir, nur eine Spur verrückter. Erst auf dem Schweinepass, dem Bwlch Moch, fünfhundertsiebzig Meter hoch, erfahren wir die ganze Wahrheit. Hier treffen wir auf »Marshall Fritz«, so steht es schwarz mit dickem Edding auf der gelben Weste. Marshall Fritz hat eine deutsche Mutter wie Ludwig, sein britischer Bruder, und er ist einer der Kontrollposten beim diesjährigen »Three Peaks Challenge«: Die drei höchsten Berge in Schottland, in England und Wales in vierundzwanzig Stunden, davon mindestens elf Stunden lang im Auto unterwegs. Gesund ist das nicht – und gesponsert nicht einmal von British Petrol. Es ist eben Sport, oft auch die Verbindung von Siegeswillen, Gaudi und Wohltätigkeit. Im Land, in dem das Sumpfschnorcheln erfunden wurde, in dem es Marathonrennen zwischen Mensch und Pferd gibt und in dem ein *three-peaks-race* gestartet wird, bei dem man zu den Bergen segelt, ist auch der Biathlon mit Wanderschuh und Gaspedal ein bleibendes Erlebnis: Als sie tags zuvor gestartet sind, mussten sie bei Schnee und Eis im Sommer hoch auf den Ben Nevis! Dann runter, rasch hinüber in den Lake Distrikt und auf den Scafell Pike hinauf, 978 Meter hoch, und jetzt noch auf den Snowdon. Dort oben ist dann Schluss. Dann gibt es Gold für weniger als zwanzig Stunden, Silber und bei mehr als zweiundzwanzig Stunden immerhin noch Bronze. Wer weniger als siebzehn Stunden braucht und lebend oben ankommt, hat sich Platin verdient.

Beim Blick zurück vom Schweinepass sieht man die alte Minenstraße von Llanberis mit den Schieferhalden des Steinbruchs von Dinorwig, eine einzige Kaskade von Geröll, bei Regen schwarz wie fette Kohle. Was man nicht sieht, doch was Nick gesehen hat, verspricht noch viel gewaltiger zu sein: das unterirdische Wasserkraftwerk im ausgebeuteten Berg: »It's like a James-Bond-Movie.« Du denkst, du kommst in die Steinzeit, und dann fährst du unterirdisch Minibus in sechzehn Kilometer Stollen.

Hier auf dem Bwlch Moch lebt kurz auch die Debatte wieder auf, woher der Pyg-Track seinen Namen hat: Vom Schweine-Pass? Doch Schwein heißt *pig,* nicht *pyg;* also hätten doch die Eingeweihten Recht, die darauf verweisen, dass der Aufstieg nach den Initialen des Pen-y-Gwryd-Hotels heißt, der alten Bergsteigerherberge. Verbeugung vor den Männern, die dort wohnten, als sie den Lauf des Pfads erkundeten? Warum aber heißt der Track dann auf den ältesten Karten schon »Pig Track«? Müßige Debatte.

Hier haben wir den Einstieg in den Snowdon Horseshoe erreicht. Das »Hufeisen« des Snowdon ist ein gewaltiges Landschaftsspektakel und für jene ungenannte Autorität, die der Red Guide von 1966 zitiert, »the finest ridge walk in Europe«. Wer auf dem Schweinepass nicht aufpasst und den

Berg hinansteigt, den er vor sich sieht, der findet sich am Ende auf Crib Goch, dem »roten Grat«, 921 Meter hoch, dem vierzehnten der fünfzehn »Welsh Peaks« über dreitausend Fuß, und damit leicht in der Klemme, denn die Route über den Grat ist ein Kletterweg für Bergerfahrene, ein spitzes Stachelhalsband aus Gestein, das auf der ganzen Strecke über Crib y Ddysgl, Snowdon und Y Lliwedd mehr als Kraxelei verlangt und Unerfahrenen wie ein Drahtseil vorkommt, unter dem der Marktplatz liegt.

Wir bleiben auf dem Pyg-Track, ohne groß an Höhe zu verlieren, und schauen aus dem Inneren des »Horseshoes« auf die Werke von Mensch und Natur. Die beiden alten Gletscherseen unter uns haben eine Gänsehaut vom Wind. Was wir an Bergen vor uns sehen, ist das vorläufige Resultat der Erosion von Hunderten von Jahrmillionen, aufgefaltetes Vulkangestein, zuletzt ohne menschlichen Einfluss von der Eiszeit modelliert, hier ungefähr vor fünfundzwanzigtausend oder fünfzehntausend Jahren. Die Gletscher haben die u-förmigen, kesselartigen Hochtäler geschaffen, die walisischen »Cwms«, ins Englische gebracht als *coombes*, und haben die stehen gebliebenen Grate darüber geschliffen wie Messer. Sechs solcher Kämme laufen wie die Speichen eines Rades auf den Snowdon zu als ihre Nabe, sodass manche auch vom Bild des Seesterns sprechen, wenn sie das einzigartige Gebirgsmassiv meinen, dazwischen fallen die Wände der Gletschertröge ein paar hundert Meter weit ins Leere, vierhundertachtzig Meter an der Ostwand über dem Glaslyn, dem »blauen See«. Das Blau des

Wassers stammt zum Teil vom Kupfer aus den alten Gruben. Wir sehen tief den Miner's Track und die restlichen Gemäuer ihrer Minen. Ehe 1802 die Straße von Llanberis eingerichtet worden war, mussten die Männer ihre Ausbeute über den Snowdon-Gipfel nach Beddgelert tragen. Es wurde trotz der Mühen kein Geschäft. »Wir haben in Wales ein neues Hobby«, schrieb eine viktorianische Dame, die an der Plackerei nur mittelbar, mit Geld, beteiligt war: »Wir graben Löcher in den Grund und schütten Geld hinein.« Schon die *Ordnance-Survey*-Karte von 1891 verzeichnete die Grube in der Tiefe als »Old Copper Mine«.

Wo sich der Miner's Track mit unserem vereinigt, beginnen bald darauf die »famous Zig Zags«, wie die härteste halbe Stunde der Tour mit unüberbietbarer Beiläufigkeit charakterisiert wird, dann stehen wir auf dem Bwlch Glas, dem »blauen Pass«, 993 Meter hoch, und alles andere erscheint auf einmal wie ein Kinderspiel. Ein wenig will die achthundert Millimeter breite Eisenspur der Zahnradbahn, die hier nun quer und vor uns liegt, uns den Erfolg vermiesen. Das war schon so, als 1898, zwei Jahre nach der Einweihung des Schweizer Wunderwerks, Arthur G. Bradley, der Reisende und Urheber der »Highways and Byways in North Wales« über den Llanberis Path heraufkam, auf dem wir nun die letzten zehn Minuten bis zum Gipfel steigen. Und er hatte auch die offensichtlich gar nicht so moderne Empfindung, dass die Bahn den Berg verderben, ihn entweihen könne. Dass die Majestät des Yr Wyddfa mit der Strecke auf der Strecke bleibe!

Dann aber lehnt er sich, die Feder sichtlich in der Hand, zurück und ruft sich zur Besinnung: Am heimischen Kamin könne doch die Größe eines Berges leicht ins Schwinden kommen, und die einer Lokomotive dagegen wachse rasch ins Unermessliche. Und dann das Bekenntnis, tief aus dem Geist der Aufklärung des 18. Jahrhunderts: Wie viel Vergnügen vermag die kleine Mücke all jenen Menschen zu bereiten, die Herr über ihren Verstand wie über alle Sinne sind, derer es bedarf, um diese Aussicht zu genießen, und die nur nicht, aus welchen Gründen immer, über die Fähigkeit gebieten, den Gipfel anders zu erreichen! Hier gibt sich allerdings der Pferdefuß der Aufklärung an Snowdon's Horseshoe in seiner ganzen Dialektik zu erkennen: »Wenn ich sechs Hengste zahlen kann, / Sind ihre Kräfte nicht die meine?«. Das formuliert im »Faust« Mephisto – als Ausspruch wie als Anspruch. Und fast mit den Worten Bradleys, freilich politisch korrekt, begründen mehr als hundert Jahre später die Erbauer der neuen gläsernen Gipfelstation ihre Unternehmung: »In the new Centre, visitors of all ages and physical abilities will have an opportunity to learn more about the mountain's significance as a unique recreational, environmental and cultural resource.«

Den einzigen Unfall seit 1896 verschweigen sie beide, obwohl auch Bradley ihn schon kannte: Am Tag der Ersteröffnung am 4. April entgleiste die Lok und rollte in die Tiefe. Lokführer und Heizer sprangen ab und überlebten, ein Schaffner stoppte den restlichen Zug mit der Handbremse. Zu Tode kam allein ein Passagier, der Hotelbesitzer Ellis

Roberts, der den Waggon im Sprung verlassen hatte.

An der »Summit Station« der »Snowdon Mountain Railway« hängt ein Schild, das die Lage des Bahnhofs angibt: »1065 m above sea level«. Es ist der höchste Bahnhof einer Zahnradbahn im Königreich, es gibt auch keine zweite Zahnradbahn in Großbritannien. Dazu der Gruß: »Welcome to the summit of Snowdon«. Doch der Gipfel ist es bloß für die Läufer, von denen einige ihr Ziel nur noch geschoben, ohne den Rucksack erreichen. Der eigentliche Gipfel, 1085 Meter hoch, ist das riesenhafte Steinmännchen daneben, obenauf mit zylindrischer Säule und einer Richtungstafel aus Messing, an der jeder anschlägt – Stätte für das Fotofinish, allein, zu zweit, als Gruppenbild mit Gipfel.

Das Berggasthaus darunter, nach dem bösen Urteil Seiner Majestät des Prince of Wales der höchste Slum im Lande, ist geschlossen, so rätselhaft wie typisch. An schönen Tagen hat es häufig zu, sagt Nick. Es soll ohnehin bald abgerissen und durch einen Acht-Millionen-Glaspalast ersetzt werden. Kein Chalet im Stil der Berge, sagt er, »but a concrete mess!«

Thomas Pennant hatte noch von einem Steinkreis gesprochen, in dem die Wanderer ihr Picknick verzehrten. Die Angaben zur ersten Gipfelhütte gehen auseinander, was sich wohl mit den Erwartungen an den Komfort einer solchen Behausung erklären lässt. Doch ob es 1820 ein Mann namens Lloyd war oder 1838 ein Morris Williams, selbst wenn jeder von ihnen seine Hütte hatte: bezeichnend für den Aufschwung des Tourismus waren beide. Es waren Minenarbeiter, die auf diese Weise leichter an ihr Geld gelangen wollten. Für drei Shilling konnte man sich in jenen frühen Jahren des Jahrhunderts auf den Gipfel führen lassen, wo es seit 1840 ein erstes Hotel gab. »Bed, Breakfast and Evening Meal« gab es für acht. Den Sonnenaufgang, so er stattfand, gab es gratis. Um die Jahrhundertwende kam dann ein neues Hotel, und in den dreißiger Jahren des vergangenen Jahrhunderts entwarf der Schöpfer von Portmeirion, Sir Clough William-Ellis, abermals ein neues. Die Halbwertzeit der Bauten auf dem Gipfel blieb bescheiden. Und jedesmal schob man die Reste des ramponierten Vorgängerbaus ungerührt über die Klippe. Was in Portmeirion noch Eindruck machte, versagte auf dem Gipfel kläglich: Die Panoramafenster hielten nicht einmal ein halbes Jahr, dann hatte sie der Snowdon eingeworfen, und man ersetzte sie durch kleinere.

Kann der Abstieg eine Steigerung bedeuten? Nick macht es möglich. Er hat für uns das South Ridge ausgewählt, nicht schlicht den gleichen Weg zurück, und so kommen wir doch noch zum Klettern, »a bit of scrambling«, durch spitze Zacken vorwärts auf Bwlch Main, abwärts, beides nicht zu schnell, am Ende seitwärts und hinab ins Cwm Llan, den Fluss entlang mit schönen Wasserfällen an die Brücke von Bethania, nur sechzig Meter über dem Meer.

Den nächsten Tag verbringen wir als Ruhetag auf Anglesey, spazieren auf dem Küstenpfad der Insel, stets den Duft der Algen in der Nase, begegnen abermals dem Prince of Wales, der in Moelfre das Bronzedenkmal für Kapitän Dic Evans eingeweiht hat, und lesen von den Rettungstaten seiner Crew: 1959 sprang im Sturm sein *lifeboat* mit jeder Welle auf ein havariertes Schiff und holte einen nach dem anderen heraus, die ganze Mannschaft. Nur wenig weiter dann das Denkmal für die »Royal Charter«, die hundert Jahre vorher in einem wilden Sturm hier vor der Küste unterging so wie mehr als zweihundert Schiffe an diesem Tag an Großbritanniens Küsten. Es war der 26. Oktober 1859, der schwarze Tag der Seefahrt. Die Passagierliste der »Royal Charter« verschwand genauso wie das Schiff, weit mehr als vierhundert Tote wurden geborgen und am Strand aufgebahrt, viele darunter schwer mit Gold bepackt, Gewinner im Goldrausch auf dem Heimweg von Melbourne nach Liverpool, die nun alles verloren hatten, weil sich der Kapitän geweigert hatte, in Holyhead im Schutz des Hafens die Wetter abzuwarten. Es war der höchste Blutzoll in der Geschichte der britischen zivilen Seefahrt. Seither ist kein Einheimischer hier wieder an den Strand gekommen, als liege ein Fluch auf den Kieseln.

Am South Stack schauen wir den Trottellummen zu, wie sie über dem Meer auf schmalen Felsenbändern ihre Eier balancieren. Noch das Mittagessen steht ganz im Zeichen der See: Das Restaurant heißt »Lobster Pot« und bietet außer Hummer Shrimps und Krabben, *fish 'n' chips* und Jakobsmuscheln, alles außer Fleisch. Wir atmen tief durch und strecken die schmerzenden Glieder und haben dennoch Mühe, uns ohne die bizarresten Bewegungen vom Essen zu erheben.

Zuletzt der Cader oder Cadair Idris, am Südrand von Snowdonia; auch er ein Riff von vulkanischem Fels, steil abfallend nach Norden, mit mehr als einem Hufeisen nach Süden, auch er von Mythen und falschen Statistiken überwuchert, ansonsten karg und kahl. Alle fünfzehn Peaks in Wales überragen ihn leicht. Was ihn heraushebt aus den übrigen, sind seine Lage, seine Aussicht und sein Ruhm. Abseits des Snowdon-Massivs, vom Meer nur gut zehn Kilometer weit entfernt, gewährt er dem Besucher, jedenfalls an guten Tagen, eine Sicht, die selbst der Snowdon nicht zu bieten hat, dazu fast mustergültig das Rund der steilen Grate um den See im »Cwm«. So hat ihn Richard Wilson gemalt im Jahre 1765, die erste britische Landschaft, die ganz um ihrer selbst willen ins Bild gehoben war. Und auch wir, schon auf dem Weg zurück, sehen dieses Muster einer paläozoischen Felsenlandschaft kurz vor dem Abstieg an den Ausgangspunkt.

Denn Nick hat abermals den schönsten Weg gewählt. Da sind sich gar der rote und der alte »Blue Guide« einig: »By far the finest ascent of Cader Idris.« Freilich heißt das auch: der mühsamste. Und so steigen wir auf elend langen Tritten im Gelände in der Flusskerbe des Nant Cadair den Sturzbach hinauf. Die Oberschenkel schmerzen, und die Kräfte verlangen nach Schonung. »Twenty minutes left«, sagt Nick, als nichts mehr geht – und meint das Treppensteigen. Dann öffnet sich das Landschaftspanorama, und wir stehen vor einer Kulisse, die man wohl auch unbedacht »atemberaubend« nennen könnte. Schroffe Felsenwände, die den See umrahmen. Doch wir wissen längst: Wir müssen da hinauf, den Atem lassen, links auf den Grat, dann weit im Kreis herum, hinab, hinauf, bis auf den fernen Gipfel rechts und weiter, alles irgendwie zurück. Und nur, weil Idris ein berühmter Riese war, ein Krieger, Barde, Astronom, der seinen Thron (»Cadair«) dort oben hatte, seiner Form nach eine Art von Klappstuhl, wie ihn Angler haben, verankert an drei Zacken im Gebirge. Deshalb ist der Berg verwünscht: Wer eine Nacht dort oben zubringt, so geht die Legende, wird entweder wahnsinnig, blind – oder ein Dichter! Ob das als Drohung oder als Verheißung zu verstehen ist, haben auch die Vorwitzigen nicht herausgefunden, die inzwischen auf dem Berg im Selbstversuch genächtigt haben und das Protokoll des frevelhaften Tuns in Wort und Bild im Internet verbreiten.

Uns lockt nicht Idris auf den Berg, weit eher Nick mit Anekdoten, Plaudereien, auch dem Hinweis, dass er Ibuprofen im Rucksack habe: falls die Schmerzen in den Muskeln doch zu übermächtig würden. Am Kilimandscharo, sagt er, nehmen sie das. Am Cader Idris, sagen wir, nicht. Und dann der Satz: »You've got the worst behind you«, als wir auf den Felsenzacken stehen und den Weg erkennen, der, ein wenig nur hinter dem felsenbesetzten Kamm, das Rund umfährt, vorüber an Craig Cau, 791 Meter hoch, und irgendwann zum Gipfel führen wird. Jetzt ist es tatsächlich nur noch »a nice walk«.

Die unspektakulärste Stelle des Wegs ist dann die Pointe selber, Penygadair. Zwar ist der Gipfelgrat just hier am engsten, und auf beiden Seiten gähnt die Tiefe, aber der Cairn, die Steinerhebung mit dem großen trigonometrischen Stein in der Mitte, steht zentral, nicht am Rand des Cliffs, und gleich daneben liegt die Hochfläche mit sumpfigen Wiesen. Im Westen glänzt das Meer, in der Ferne als Silhouette die Brüder und Schwestern des Snowdon-Massivs, aber dass der Cader Idris schlechthin die Weihestätte keltischer Romantik ist, erschließt sich eben nur von weitem. Wer käme wohl darauf, ausgerechnet hier seine Nacht zu verbringen? Vermutlich ginge es so aus wie einst bei Heine das Sonett vom Drachenfels: »Sieh nun, mein Freund, so eine Nacht durchwacht ich/ Auf hohem Drachenfels, doch leider bracht ich/ Den Schnupfen und den Husten mit nach Hause.«

Schweigen wir vom Abstieg! Gleitendes Geröll scheppert überall ähnlich. Und Treppenstufen gehen auch bergab ganz böse auf die Knochen. Hören wir auf Nick! Er sagt tatsächlich, als wir wieder unten sind: So, wie Ihr hinaufgestiegen seid, würdet ihr den Kilimandscharo leicht schaffen.

Wir schauen einander an, geschmeichelt oder amüsiert, und werden doch vermutlich nie erfahren, was davon zu halten ist.

## *Nachbemerkung*

*The Scots have their Whisky, the Welsh have their speech ...*

THE DUBLINERS

Der Blick von außen, etwa der von Irland aus, muss nicht nur Vorurteile fördern. Er kann auch leicht Spezifisches entdecken, vor allem, wenn man sich der Blickrichtung bewusst bleibt. Nicht den statistischen Durchschnitt, dem folgend etwa jeder Erdenbürger zweiundfünfzig Legosteine besitzt (Zwischenfrage: Wer hat meine?) Wem wäre mit dem Durchschnitt auch geholfen? Auch er verlangt nach Erklärung, vermutlich er besonders. Was der Reisende schon immer wahrgenommen hat, das ist die einzelne Erscheinung, wenn er Glück hat, das Bezeichnende. Vorausgesetzt, er bleibt sich der Bedingung seines Blicks bewusst. Die Rede ist von jenem kritischen, selbstkritischen Bewusstsein, das die Romantiker als Ironie bezeichnet haben und die das Gegenteil von wirklicher Verstellung und der Arroganz gefühlter Überlegenheit bedeutete.

Der Blick auf Wales, wie er sich in diesen Reisebildern aus den letzten Jahren bieten, hat zur Voraussetzung zahlreiche andere Reisen, die meisten davon nicht nach Wales: Vor allem Reisen ins südliche England, Aufenthalte an den Küsten von Devon und Cornwall; Besuche in der Bretagne, zuletzt, und immer wieder zwischendurch, Fahrten nach Schottland. Das sollte dabei helfen, den Regionalismus der Waliser, wie auch den der Schotten, besser einzuschätzen. Noch besser, wenn man dann im Hinterkopf behält, dass es inzwischen auch Engländer gibt, die sich ein eigenes Parlament neben dem Unterhaus wünschen, in dem die Schotten ohnehin schon eine Mehrheit haben. Es hilft dies zu erahnen, was wirklicher Separatismus und was separatistisches Tourismus-Marketing ist. Es hilft, die Schönheit eines Küstenstrichs ins rechte Maß zu rücken, ein Land nicht als seinen eigenen, historisch aufgeschmückten Freizeitpark zu betrachten.

Genug der Methodenkritik! Kein Bild wird besser, wenn man es erklärt. Und das Offensichtliche wird dabei auch nicht deutlicher. Dass dies hier Reisebilder sind aus einem liebenswerten Land, Betrachtungen eines Müßiggängers auf Zeit, an keine Weisung gebunden als an die eigene Neugier, und an keinen Auftraggeber als das eigene, kritische, Urteil, versteht sich, hoffentlich, von selbst. Ich wünsche mir Leserinnen und Leser, die diese Bilder aufmerksam vergleichen mit den eigenen.

Vor den Geschichten standen die Reisen. Sie sind verbunden mit vielen schönen Erinnerungen, Begegnungen und Hilfen. Ich habe vielfachen Grund, Danke zu sagen, und nenne, stellvertretend für alle, die einen Dank verdient haben, Kiki Müller, die bei der Planung wie vor Ort immer das Gespür für die richtige Entscheidung hatte. So war es leicht zu schreiben.

Alle Geschichten haben in den vergangenen

Jahren schon ihre Leser gefunden. Die Beiträge sind fast ausschließlich im Reiseblatt der *Frankfurter Allgemeinen Zeitung* erschienen. Der Artikel über das Coasteering erschien in der *Frankfurter Rundschau* und die Betrachtungen zu Hay-on-Wye im *Kölner Stadt-Anzeiger*. Die Texte erscheinen hier weitgehend so, wie sie einst geschrieben und gedruckt worden sind. Nur die Beobachtungen in Cardiff wurden, nach weiteren Reisen, zuletzt behutsam aktualisiert. Nicht weil sich der Blick geändert hatte, sondern weil die Stadt sich so schnell ändert, immer noch.

Köln, im Sommer 2006